Robert ERNST

Die Papstweissagung des hl. Bischofs Malachias

Johannes Paul II
der
letzte Papst?

Turm Verlag Bietigheim

5. Auflage

© 1988 Turm Verlag, 7120 Bietigheim
ISBN 3-7999-0221-X

VORWORT ZUR 4. AUFLAGE

Schon manche Abhandlung wurde über die Malachias-Weissagung veröffentlicht. Der Verfasser glaubt jedoch, daß vorliegende Schrift nicht überflüssig ist. Denn die meisten Artikel oder Abhandlungen, selbst wenn sie die Malachias-Weissagung positiv werten, bieten nur eine kurze Andeutung, wie die prophetischen Merkworte für die einzelnen Päpste in Erfüllung gegangen sind und beschränken sich dabei sehr oft auf Nebensächlichkeiten (Wappen, Ortsbezeichnungen). Im Lichte der neueren Papstgeschichten, vor allem des Monumentalwerkes von Freih. v. Pastor, erscheint jedoch die Malachias-Weissagung als ein geniales Meisterwerk prophetischer Weisheit. Es ist geradezu überraschend, mit welcher Genauigkeit und Prägnanz die meisten Merkworte den Charakter und die hervorragendsten Ereignisse oder Tätigkeiten der jeweiligen Päpste schildern. Eben dies wird in vorliegender Schrift anhand wörtlich zitierter Texte aus neueren Papstgeschichten dargelegt. So erscheint uns die Malachias-Weissagung als eine kurze hervorragende Apokalypse der Papstgeschichte. Als solche dürfte sie alle gläubigen Katholiken mit dankbarer Freude und vertrauensvoller Zuversicht erfüllen; den Nichtkatholiken aber dürfte sie ein Hinweis sein auf die Wahrheit des Herrenwortes: »Du bist Petrus (der Fels), und auf diesen Felsen will ich meine Kirche bauen und die Pforten der Hölle werden sie nicht überwältigen!«

Eupen, im Februar 1985

Der Verfasser.

Einleitung zur dritten erweiterten Auflage:

Dem häufigen Wunsche einer Neuauflage dieses Büchleins kann nun endlich entsprochen werden; denn bedeutende Ereignisse im Vatikan haben manche Bedenken gegen eine Neuauflage aus dem Weg geräumt und neue Hinweise gegeben für ein tieferes Verständnis der sogenannten Malachias-Weissagung der Päpste.

Äußerst wichtig für eine rechte Einstufung der »letzten« Päpste scheint uns der Ausspruch einer Seherin von Garabandal. Wir lesen darüber im bemerkenswerten Buche von Irmgard Hausmann: Die Ereignisse von Garabandal, Muttergotteserscheinungen von 1961 - 1965 in Nordspanien (Gröbenzell, Siegf. Hacker-Vgl., 1974), auf Seite 148 wie folgt:

»Als die kleinen Glocken von Garabandal, wehmütig bimmelnd, den Tod von Papst Johannes XXIII. verkündeten, zeigte Conchita große Traurigkeit und sagte zu ihrer Mutter: ,Das ist sehr schade, jetzt bleiben nur mehr drei Päpste übrig!' Frau Aniceta schalt sie, aber das Kind bestand darauf: ,Doch es ist wahr, denn die Jungfrau hat es mir gesagt!' Nach dieser Vorhersage, die Conchita immer wieder bestätigt, folgen nach Paul VI. nur mehr zwei Päpste »vor dem Ende der Zeit, das nicht das Ende der Welt sein wird«.

Diese Aussage der Conchita wird auch von anderen Garabandal-Kennern bestätigt und als echt befunden. Übrigens wäre es unverständlich, daß Conchita, dieses ungelehrte junge Mädchen, eine solche Aussage erfunden hätte. Es ist höchst unwahrscheinlich, daß sie irgendeine diesbezügliche Papstweissagung gekannt hätte; und hätte sie die Malachias-Weissagung gekannt, so hätte sie gewiß nicht gesagt »nur mehr *drei* Päpste«, sondern »nur mehr *fünf* Päpste«.

Wenn also die Aussage stimmt, — und sie ist sehr glaubwürdig, — wäre der jetzige Papst der *letzte*. Dann käme ihm der symbolisch prophetische Name »in persecutione« = »in der Verfolgung« zu.

Nun erhebt sich allerdings die Frage, wie diese Aussage von Garabandal, der zufolge es nach Johannes XXIII. nur mehr drei Päpste gibt, mit der Malachias-Weissagung vereinbar ist, in der nach Johannes XXIII., dem »Pastor et Nauta«, noch fünf prophetische Namen stehen. — Jedoch gibt es auch hierfür eine Lösung.

Jeder Kenner der Malachias-Weissagung weiß, daß für die 111, bzw. 112 prophetischen Namen dieser Weissagung nicht nur die Päpste, sondern auch die *Gegenpäpste* maßgebend sind. So werden bis zum 16. Jahrhundert schon zehn *Gegenpäpste** in der Malachias-Weissagung aufgeführt, und zwar:

6. De tetro carcere. Vom greulichen Kerker. Viktor IV. (1159-1164).

7. Via transtiberina. Weg jenseits des Tiber. Paschalis III. (1164-1168).

8. De Pannonia Tusciae. Von Ungarn-Tuscien. Kallixtus III. (1168-1178).

36. Corvus schismaticus. Der schismatische Rabe. Nikolaus V. (1227-1230).

42. De Cruce apostolica. Vom apostolischen Kreuze. Klemens VII. (1378-1394).

43. Luna cosmedina. Kosmedischer Mond. Benedikt XIII. (1394-1417).

44. Schisma Barchinonicum. Das Schisma von Barcelona. Klemmens VIII. (1404-1406).

49. Flagellum solis. Geißel der Sonne. Alexander V. (1409-1410).

50. Cervus sirenae. Hirsch der Sirene. Johannes XXIII. (1410-1415).

53. Amator crucis. Liebhaber des Kreuzes. Felix V. (1439-1448).

Folglich müssen wir auch die heutigen Gegenpäpste mitzählen, und zwar: Klemens XV. (in Frankreich), Gregor XVII. (in Kanada) und Gregor XVII. (in Spanien). Man könnte zwar sagen, daß *diese* Gegenpäpste keine hervorragende Bedeutung in der Kirchengeschichte hätten und es deshalb sinnlos sei, sie in der Papstweissagung des hl. Malachias einzuflechten. Jedoch müssen wir bedenken, daß manche Gegenpäpste der früheren Jahrhunderte noch weniger Bedeutung hatten als die heutigen; so z.B. war Klemens VIII. von nur zwei Kardinälen zum Papst bestimmt worden und führte nur zwei Jahre lang belanglos diesen Titel.

Zählen wir nun neben den drei römischen Päpsten die drei Gegenpäpste der heutigen Zeit mit, so haben wir *sechs* »Päpste« nach Johannes XXIII. Und doch bleiben in der Malachias-Weissagung nur fünf prophetische Bezeichnungen nach Johannes XXIII. übrig. Wir haben dann also einen Papst ohne prophetische Bezeichnung. Was nun? —

Hier hilft uns ein Vergleich mit der sogenannten Lehninschen Weissagung. Diese Lehninsche Weissagung ist ein Parallelwerk zur Malachias-Weissagung. Die Lehninsche Weissagung ist sehr wahrscheinlich um das Jahr 1300 entstanden und beschreibt die Geschichte der Hohenzollern, vornehmlich von elf Hohenzollern seit der Reformation. Dann weist sie hin auf jenen Hohenzoller, der als letzter die Krone trägt (Kaiser Wilhelm II.).

---

* Wenn wir hier von Gegenpäpsten sprechen, so wollen wir hier kein Werturteil über diese Personen fällen. Es kann sein, daß diese Männer zu ihrer Stellung als Papst (bzw. als Gegenpapst) durch die Umstände ihrer Zeit oder durch unberechenbare Geschehen gedrängt worden sind. Manche wurden in ihrem Glauben, rechtmäßige Päpste zu sein, sogar von mystisch Begnadeten bestärkt. Typisch ist der Fall des hl. Vinzenz Ferrier, der sich mit der ganzen Wucht seiner mystischen Autorität für die Gültigkeit des Avignon-Papstes Klemens VII. einsetzte (Vgl. P. Fagnes, Histoire de St. Vincent Ferrier, Apôtre de l'Europe. Paris, Bonne Presse, 1893. I. Band, S. 112 ff.).

Auffallend ist nun, daß zwischen den elf genau beschriebenen Hohenzollern-Fürsten und dem *letzten* Hohenzoller drei Könige regiert haben, die nicht einmal erwähnt werden, nämlich König Friedrich Wilhelm IV. († 1861), Kaiser Wilhelm I. († 1888) und Kaiser Friedrich Wilhelm I. († 1888).

Somit dürfen wir auch damit rechnen, daß zwischen den 111 bezeichneten Päpsten und dem letzten Papst noch einer oder mehrere Päpste regieren, die in der Malachiasweissagung übergangen werden. Gäbe es nicht die oben erwähnte Weissagung von Garabandal, so wüßten wir nicht, wieviele Päpste noch vor dem letzten Papst kämen. Nun aber scheint es sicher, daß nur ein Papst zwischen den 111 bezeichneten und dem letzten Papst steht, bzw. regiert.

Aus dem hier Gesagten ergibt sich also folgende chronologisch bedingte Reihenfolge:

106. Pastor angelicus. Engelgleicher Hirte. Pius XII.
107. Pastor et nauta. Hirt und Schiffer. Johannes XXIII.
108. Flos florum. Blume der Blumen. Klemens XV.
109. De medietate lunae. Vom Halb-Mond. Paul VI.
110. De labore solis. Von der Sonnenfinsternis. Gregor XVII. (Kanada).
111. Gloria olivae. Glorie des Ölbaumes. Gregor XVII. (Spanien).
(Ohne Bezeichnung) Johannes-Paulus I.
Der letzte: In persecutione. In der Verfolgung. Johannes-Paulus II.

Die näheren Erklärungen zu diesen Päpsten und Gegenpäpsten, bzw. zu ihren prophetischen Bezeichnungen in der Weissagung, findet der Leser an der entsprechenden Stelle dieses Buches.

Freilich müssen wir gestehen, daß diese Darlegungen zur Malachias-Weissagung, sofern sie irgendwie die Zukunft betreffen, nie als absolut sicher gewertet werden dürfen. Erklärungen zu einer Prophezeiung sind durchweg — vor dem Tag ihrer Erfüllung — nur Hypothesen, die mehr oder weniger begründet sind. Man kann immer damit rechnen, daß unvorhergesehene Ereignisse die Prophezeiungen in einem anderen Licht erscheinen lassen. Aber immerhin scheinen uns die hier dargelegten Erklärungen so glaubwürdig, daß ihre Veröffentlichung berechtigt ist.

Zum Schluß möchten wir noch den Leser bitten, im Gebet des nun regierenden Papstes Johannes-Paul II. zu gedenken; denn groß sind die Gefahren, die ihm drohen, ungeheuer ist seine Verantwortung und unsagbar groß sind die Aufgaben, die schon heute auf ihm lasten und die seiner noch harren … bis zum »Tag des Herrn«.

Eupen, den 23. August 1984.
Der Verfasser

I.
Das Problem
der Malachiasweissagung

Eine der berühmtesten Weissagungen aller Zeiten ist die sog. Papstweissagung des hl. Malachias. Die Echtheit dieser Prophezeiung ist zwar von nichtkatholischer und manchmal sogar von katholischer Seite abgelehnt worden. Wir wollen deshalb versuchen, das Für und Wider abzuwägen und eine annehmbare Lösung des Fragenkomplexes vorzulegen.

Erstmalig wurde die Papstweissagung veröffentlicht im Jahre 1595 von dem belgischen Benediktiner Arnold von Wion, der zur Zeit kriegerischer Unruhen aus seiner Heimat nach Venedig geflüchtet war. Arnold von Wion schrieb damals ein Buch über die Bischöfe seines Ordens. Hierin erwähnt er auch den hl. Bischof Malachias aus Irland und berichtet von einer Prophezeiung, die Malachias verfaßt habe. Wörtlich schreibt Arnold von Wion in seinem Buche, genannt »Lignum vitae« = »Holz des Lebens«, Pars I, libr. II, Cap. XL, p. 307, wie folgt:

»Dunensis (episcopus) Sanctus Malachias Hibernus, monachus Bencorensis et archiepiscopus Ardinacensis, cum aliquot annis sedi illi praefuisset, humilitatis causa archiepiscopatu se aldicavit anno circiter Domini 1137, et Dunensi sede contentus, in ea ad finem usque vitae permansit. Obiit anno 1148, die 2 novembris.

Ad eum exstant Epistolae sancti Bernardi tres, videlicet 315, 316 et 317.

Scripsisse fertur et ipse nonnulla opuscula, de quibus vidi nihil praeter quamdam Prophetiam de Summis Pontificibus; quae, quia brevis est, et nondum quod sciam excusa, et a multis desiderata, hic a nobis apposita est.«

»Der hl. Malachias, ein Irländer, Bischof von Down, Mönch von Bencor und Erzbischof von Armagh, hatte nur einige Jahre diesen Sitz inne; dann dankte er aus Demut als Erzbischof ab, ungef. im Jahre des Herrn 1137; er begnügte sich mit dem Bischofssitz von Down, und hielt diesen inne bis zu seinem Lebensende. Er starb im Jahre 1148, am 2. November. — Es sind uns drei Briefe erhalten, die der hl. Bernard an ihn gerichtet hat... Er selbst, wird berichtet, habe auch mehrere kleine Werke verfaßt; ich habe jedoch keins davon gesehen, es sei denn eine gewisse Weissagung über die Päpste, die weil sie kurz und meines Wissens noch nicht veröffentlicht worden ist, und von vielen gewünscht wird, hier von uns beigefügt wird.«

Anschließend gibt Arnold von Wion 111 kurze Bezeichnungen, die auf je einen Papst, angefangen mit Past Cölestin II. (1143-1144), hinweisen. Viele dieser Bezeichnungen sind äußerst merkwürdig und dunkel. Wion fügt jeder Bezeichnung bis einschließlich Urban VII. (1590) eine vom Dominikaner

Alfons Ciaconi stammende, ganz kurze Erklärung bei. Ciaconi hat also diese Weissagung bereits 1590 gekannt. Wo hat Arnold von Wion sie gefunden? Befand sie sich in einer Bibliothek in Venedig? Hat jemand sie ihm aus Rom mitgebracht? — Auf diese Fragen geht Wion nicht ein und keiner wird sie je beantworten können. Man hat sogar behauptet, der belg. Benediktiner habe diese Weissagung erfunden. Jedoch ist eine solche Behauptung unberechtigt. Selbst der rational urteilende Prof. Dr. Schmidlin muß zugeben, daß Wion kein Fälscher war. Allerdings glaubt Schmidlin nicht an die Echtheit der Weissagung, da ihm Wion in der Wahl seiner Geschichtsquellen nicht zuverlässig scheint. Dr. Schmidlin schreibt: »Wion hatte nur eine Tendenz, seinen Orden zu verherrlichen und dadurch die Leserwelt zu erbauen. Damit ist aber seine Zuverlässigkeit nicht bewiesen. Im Gegenteil, der Eifer, mit dem er Sagen, wie die von der Abstammung Konstantins d. Gr. und des Hauses Habsburg aus des hl. Benedikt Familie der Anicier auf 200 Quartseiten zu beweisen sich bemüht, verrät seine Leichtgläubigkeit und absolute Kritiklosigkeit. Er hatte die Schriften des Joachim und der Illuminaten gelesen. Sein Durst nach Merkwürdigkeiten erklärt vollständig die Aufnahme einer solchen Quelle, wie die Prophetie es war, in seine Sammlung, auch wenn das Schriftstück nicht die mindeste Garantie bot. Wie leicht konnte ein solcher Mann ein gefälschtes Manuskript für echt, ein späteres für alt ansehen.«[1]

Dr. Schmidlin hat Recht. Wion ist nicht kritisch und zuverlässig. Aber wenn es möglich ist, daß die Papstweissagung ein gefälschtes Dokument wäre, könnte es dann nicht ebenso möglich sein, daß sie ein echtes wäre? —

Es ist doch nicht bewiesen, daß alles, was Wion berichtet, Legende und Sage ist. Jedenfalls ergibt sich für eine Prophezeiung, deren Erfüllung sich über mehrere Jahrhunderte erstreckt, die Echtheit aus der Untersuchung, ob diese Prophezeiung bereits teilweise in Erfüllung gegangen ist oder nicht. Deshalb werden wir hier, noch bevor wir auf den Verfasser eingehen, untersuchen, ob die Weissagung bis heute in Erfüllung gegangen ist, oder ob sie ein sinnloses Machwerk ist. Hierbei sind vor allem die Papstbezeichnungen ab 1590, dem Jahre der Veröffentlichung, wichtig. Jedoch dürfen wir die Erklärung der Bezeichnungen der Päpste von 1143 bis 1590 nicht übergehen, da die Erklärung auch dieser Bezeichnungen für die kritische Beurteilung der Echtheit äußerst wertvoll ist.

---

[1] Dr. Jos. Schmidlin, Die Papstweissagung des hl. Malachias, in der »Festgabe Heinr. Finke«, Münster, 1904. S. 11.

II.
Die Päpste
in der Malachiasweissagung

1. *Ex castro Tiberis. Aus dem Kastell am Tiber. Cölestin II.* (1143-1144).
Sein Geburtsname war Guido de Castello; er stammte aus Citta de Castello
am Tiber.

2. *Inimicus expulsus. Vertriebener Feind. Lucius II.* (1144-1145). Er ent-
stammte der Familie Caccianemici (cacciare = vertreiben; nemici = Feinde).
Unter ihm nahm der so unheilvolle Streit der Staufer und Welfen seinen
Anfang.

3. *Ex magnitudine montis. Von der Größe des Berges. Eugen III.* (1145-
1153). Er war geboren zu Montemagno (großer Berg) bei Pisa und war ein
Schüler des hl. Bernhard von Clairvaux.

4. *Abbas Suburranus. Abt von Suburra. Anastasius IV.* (1153-1154). Er
hieß Konrad Suburri, stammte aus dem Viertel Suburra in Rom und war Abt
zu St. Rufus, einer Vorstadt (suburbium) Roms. Anastasius war ein gütiger,
wohltätiger Greis,[2] ein Vater (Abbas) der Armenviertel in Rom (Suburbanus).

5. *De rure albo. Vom weißen Feld. Hadrian IV.* (1154-1159). Nikolaus
Breakspeare, der einzige englische Papst, war geboren auf einem Landgut
bei St. Alban in England. In Arles (in der französischen Provence) trat er in
den Orden der weißgekleideten (alba!) Augustinerchorherren ein. Später
wurde er Bischof und Cardinal von Alba.

6. *Ex tetro carcere. Vom greulichen Kerker. Gegenpapst Viktor IV.* (1159-
1164). Unter der Regierung des energischen Papstes Hadrian IV. war es zu
einem schweren Konflikt gekommen zwischen Papst und Kaiser Barbarossa
(Friedrich I.). Auf seinem zweiten Römerzug unterwarf der Kaiser Mailand
und erließ die sog. ronkalischen Beschlüsse, die in die kirchlichen Gerecht-
same tief eingriffen. Da starb Hadrian IV., und der unerschrockenste aller
Zeitgenossen, Kardinal Roland, bestieg den Stuhl Petri als *Alexander III.*
Aber kaum hatte er den päpstlichen Mantel umgehangen, als die Minorität im
Namen des Kaisers Protest einlegte und ihren Führer, den Kardinaldiakon
Oktavian von St. Nikolaus in Carcere, als Viktor IV. zum Lateran führte.[3]
Alexander III. flüchtete in die Engelsburg und floh bald nach Frankreich.

---

[2] Dr. Franz-Xav. Seppelt, Papstgeschichte. Bonn, Buchgemeinde, 1938. S. 121. — Mit
Absicht bieten wir dem Leser viele wörtlich wiedergebene Texte aus Papstgeschichten
(Pastor, Seppelt, Wittig, usw.), um dem Leser zu beweisen, **daß wir der Papstgeschichte
keinen Zwang antun,** um die einzelnen Papstbezeichnungen zu erklären.

[3] Dr. Jos. Wittig, Das Papsttum, seine weltgeschichtl. Entwicklung und Bedeutung. Ham-
burg, Hansa-Verlag, 1913. S. 106.

— Die Bezeichnung »de tetro carcere« bezieht sich also sowohl auf Viktor IV. wie auch auf den rechtmäßigen Papst Alexander III. (siehe unten!).

7. *Via Transtiberina. Weg jenseits des Tiber. Gegenpapst Paschalis III.* Als Viktor IV. im April 1164 starb, scheint Friedrich Barbarossa an eine Verständigung mit Alexander III. gedacht zu haben. Aber sein Kanzler Rainald von Dassel stellte ihn vor eine vollendete Tatsache, indem er eiligst durch kaiserlich gesinnte Kardinäle den Kardinal von S. Maria t r a n s T i b e - r i m, Guido von Crema, als Paschalis III. (1164-1168) zum Nachfolger Viktors erheben ließ.[4]

8. *De Pannonia Tusciae. Von Ungarn — Tuscien. Gegenpapst Kallixtus III.* (1168-1178). Als Paschalis III. gestorben war, erkannte Friedrich Barbarossa den von den schismatischen Kardinälen zum Nachfolger gewählten Abt Johann von Struma in U n g a r n (Pannonia), der sich Kallixt III. nannte an. Nach der Aussöhnung Friedrichs mit dem rechtmäßigen Papste (Friede von Venedig, 1177), ließ der Kaiser den Gegenpapst fallen, der sich nach einigem Widerstreben Alexander III., der aus Siena in Toskanien (Tuscia!) stammte, unterwarf.

9. *Ex ansere custode. Von der Gans als Wächter. Alexander III.* (1159- 1181). Kardinal Roland Baudinelli, gefeierter Rechtslehrer in Bologna, war der unerschrockenste Verteidiger der päpstlichen Rechte auf dem Reichstage zu Besançon gegen Friedrich Barbarossa gewesen. In der Diskussion über den Ursprung der Kaiserwürde hatte er die Frage gewagt: »Von wem hat denn der Kaiser seine Würde, wenn er sie nicht vom Papste hat?« Ein Wort, das er — wäre der Kaiser selbst nicht eingesprungen — bald mit dem Tode bezahlt hätte. Seine Verteidigungsreden gegen die kaiserliche Macht zum Schutz der römischen Papstrechte, erinnern an das Geschnatter der kapitolinischen Gänse, wodurch Rom vor den Galliern beschützt wurde. — Als Kardinal Roland zum Papst gewählt wurde, durfte man wohl sagen, daß »aus der wachenden Gans« nun ein Papst wurde: »*Ex ansere custode* fit pastor Ecclesiae«. Auch als Papst blieb Alexander III. der wachende Hirte, der trotz aller Wirren immer wieder für die Rechte der Kirche eintrat, bis er nach vielen Kämpfen den ersehnten Frieden und Genugtuung für die Ermordung des Erzbischofs Thomas Becket erlangte.

10. *Lux in ostio. Licht im Tor. Lucius III.* (1181-1185). Nach dem Tode Alexanders III. wählten die Kardinäle den aus Luca gebürtigen Kardinalbischof von O s t i a Ubaldo Allucingoli. Es ist auffallend, daß das Wort Lux in seinem Familiennamen, im Namen seiner Geburtsstadt und auch in seinem (allerdings von ihm selbst gewählten) Papstnamen enthalten ist.

11. *Sus in cribro. Der Eber im Sieb. Urban III.* (1185 bis 1187). Der neue Papst stammte aus der adeligen Familie der Crivelli (Crivello = Sieb) aus Mailand, die in ihrem Wappen einen Eber führten. Auch dürfte die Bezeichnung Eber eine Anspielung gewesen sein auf den Charakter Urbans III.,

---

[4]) Seppelt, ebd. 125.

der »ein Mann von leidenschaftlichem Temperament und unbeugsamer Energie« (Seppelt) war.

12. *Ensis Laurentii. Schwert des Laurentius. Gregor VIII.* (1187). Gregor war früher Kardinal zu St. L a u r e n t i u s in Lucina und führte zwei goldene Schwerter in seinem Wappen. U.E. deutet das Wort »Schwert« aber auch darauf hin, daß unter seinem Pontifikate die K r e u z z u g s b e w e g u n g wegen der Trauernachricht von der Eroberung Jerusalems durch Sultan Saladin am 2. Oktober 1187, wieder mächtig aufflammte. »Die Vorbereitung eines Kreuzzuges stand ganz im Mittelpunkt des Denkens und Handelns des Papstes«.[5]

13. *De Schola exiet. Er wird aus der Schule kommen. Klemens III.* (1187-1191). Des Papstes Familienname war Paolo S c o l a r i. Als geborener Römer kam er wirklich *aus der Schule der römischen Diplomatie.* Durch seine diplomatischen Kenntnisse und Fähigkeiten gelang ihm die Aussöhnung der Könige von England und Frankreich, der Städte Pisa und Genua; es gelang ihm die völlige Rückgabe des Kirchenstaates durch den Kaiser und die Beilegung des Trierer Wahlstreites. Während seine beiden Vorgänger Rom nie betreten hatten, erreichte er durch einen Vertrag, daß die Römer die Oberhoheit des Papstes wieder anerkannten und er nun dauernd in Rom residieren konnte.[6]

14. *De rure bovensi. Vom Lande der Ochsen. Cölestin III.* (1191-1198). Die Bezeichnung dieses Papstes deutet hin auf seinen Namen Hiazynth B o b o (od. Bos = Ochse) aus dem römischen Geschlechte der Orsini. Er war ein »unentschiedener, schwankender Greis« (Seppelt). Erwähnenswert ist, daß er Bischof Malachias aus Irland heilig gesprochen hat.

15. *Comes signatus. Bezeichneter* (oder *ausgezeichneter) Graf. Innocenz III.* (1198-1216). Als der greise Papst Cölestin III. gestorben war, wählten die Kardinäle den erst 37 Jahre alten G r a f e n Lothar von Segni aus longobardischem Geschlechte zum »Herrn der Christenheit«. Der junge Papst nahm als Wahlspruch: »Herr, wirk ein Z e i c h e n zum Guten an mir!« (Ps. 86, 17). — Innocenz III. war einer der größten Päpste aller Zeiten. Jos. Wittig schreibt von ihm in seiner Papstgeschichte: »Innocenz III. besaß alle Eigenschaften eines geborenen Herrschers, Tatkraft, Geschäftskunde, Festigkeit, kluge Beschränkung, hohe Bildung und Glück . . . Von seiner Wahl schreibt er: »Die Hand des Herrn hat uns aus dem Staube auf den Thron erhoben, auf daß wir mit den Fürsten und über die Fürsten richten«; und von seiner kirchenpolitischen Anschauung: »Nirgends wird für die Freiheit der Kirche besser gesorgt sein als da, wo die römische Kirche sowohl in geistlichen als auch in weltlichen Dingen die volle Herrschaft hat.« . . . . Alle kirchliche Gewalt sah er im apostolischen Stuhle vereinigt, und deshalb führte er strengste Zentralisation im Kirchenwesen durch. In konzentrischen Kreisen wirkte er sein Programm aus.«[7] So war Innocenz III. »ein ausgezeichneter Kirchenfürst«: comes signatus!

---

[5] Seppelt, ebd. 129.   [6] Seppelt, ebd. 130.   [7] Wittig, ebd. 109.

16. *Canonicus de latere. Kanonikus aus den Vertrauten. Honorius III.* (1216-1227): Nach dem Tode Innocenz III. »hielten die Kardinäle es für die wichtigste Aufgabe des Papsttums, in dem jungen Friedrich II. das Kaisertum in Freundschaft mit der Kirche zu erhalten. Sie wählten darum Friedrichs Erzieher, den greisen, hochgebildeten und milden Kardinalkämmerer Cencio Savelli.«[8] Seine Bezeichnung Canonicus de latere erinnert wohl daran, daß er früher *Kanonikus der Lateranbasilika* gewesen war. Jedoch bedeutet der lateinische Ausdruck »de latere«: »*aus dem Kreise der Vertrauten*«. Nun gehörte Kardinal Cencio Savelli ganz gewiß *dem Kreise der intimsten Vertrauten* sowohl des Papstes Innocenz III., als dessen Kardinalkämmerer, wie auch des Kaisers Friedrich II., als Erzieher, an.

17. *Avis Ostiensis. Vogel von Ostia. Gregor IX.* (1227 bis 1241). Kardinal Ugulino stammte aus dem Geschlecht der Segni, die einen gekrönten A d l e r im Wappen führten. Auch er selbst wählte als Wappentier einen Adler. Vor seiner Papstwahl war er Kardinalbischof von Ostia. In seinem Charakter mischte sich mystisch-tiefe Frömmigkeit mit stürmischer Leidenschaft; einem Adler gleich stürzte er sich auf seine Gegner und schleuderte gegen sie, manchmal unberechtigt, den Kirchenbann. Eine tiefe Freundschaft verband ihn mit Franziskus von Assisi. Dieser Heilige hatte einst, wie die Legende berichtet, im Traume eine Henne mit vielen Küchlein gesehen, die sie vor einem Raubtier beschützen wollte, ohne daß es ihr gelang. Da flog ein großer Adler herbei, der Henne und Küchlein unter seinen Fittichen beschützte. Dem hl. Franziskus wurde eingegeben, die Henne sei er, die Küchlein seine Brüder, der Adler der ihm vom Hl. Vater Honorius III. zugewiesene Kardinalprotektor. Dieser Kardinalprotektor war der spätere »Vogel von Ostia«: Gregor IX., der schon vor seiner Papstwahl »auf den Ausbau des Franziskanerordens, besonders auf die endgültige Gestaltung der Regel, entscheidenden Einfluß ausgeübt hat.«[9]

18. *Leo Sabinus. Sabinischer Löwe. Cölestin IV.* — (1241) Anspielung auf seinen Familiennamen v. Castiglioni = »vom keuschen L ö w e n«; er war früher Kardinalbischof von S a b i n a. Er starb bereits 17 Tage nach seiner Wahl.

19. *Comes Laurentius. Graf Laurentius. Innocenz IV.* (1243-1254). Der neue Papst stammte aus dem gräflichen Geschlechte von Lavagna, und war vorher Kardinal von St. L a u r e n t i u s in Lucina gewesen. Wie bei Innocenz III. weist u. E. auch hier das Wort »Comes = Graf« hin auf seine überragende Persönlichkeit. »Er war ein hervorragender Jurist und eine der bedeutendsten Herrschergestalten auf dem Päpstlichen Stuhl, unbeugsam und hart im Kampfe für die unbedingte Vormachtstellung des Papsttums.«[10]

20. *Signum Ostiense. Zeichen von Ostia. Alexander IV.* (1254-1261). Auch dieser Papst stammte aus dem Geschlechte der S e g n i und war zuvor Kardinalbischof von O s t i a.

---

8) Wittig, ebd. 112-114.   9) Seppelt, ebd. 141.   10) Seppelt, ebd. 144.

21. *Jerusalem Campaniae. Jerusalem der Champagne. Urban IV.* (1261-1264). »Da beim Tode Alexanders IV. das Kardinalskollegium auf acht Mitglieder zusammengeschmolzen war und sich nicht über die Wahl eines Papstes aus ihrer Mitte zu einigen vermochte, wurde der Patriarch von Jerusalem, Jakob Pantalcone, der sich gerade an der Kurie aufhielt, zum Papst gewählt; es ist kaum ein Zweifel, daß die schwere Bedrohung der Kreuzfahrerstaaten (und besonders Jerusalems!) den Blick auf ihn, der mit den Verhältnissen im Orient vertraut war, gelenkt hat.«[11] Als Papst Urban IV. sah sich aber Jakob Pantalcone, als aus der Stadt Troyes in der französischen Champagne gebürtig, »zu dem verhängnisvollen Schritte gedrängt, die päpstliche Politik mit Frankreich zu verbinden, ohne zu ahnen, daß er damit das Papsttum einer langen nationalen Knechtschaft entgegenführte.«[12] Er übertrug 1263 die Krone Siziliens dem Bruder Ludwigs IX. von Frankreich und nahm mehrere Franzosen ins Heilige Kollegium der Kardinäle auf. So verwirklichte er das prophetische Wort: Jerusalem Campaniae = Jerusalem (Sinnbild der Kirche und des Papsttums) der Champagne (Sinnbild für Frankreich), d.h.: *Urban IV. tat den ersten Schritt, die Kirche der französischen Macht auszuliefern.*

22. *Draco depressus. Unterdrückter Drache. Klemens IV.* (1265-1268). Das Merkwort ist vielleicht eine Anspielung auf das guelphische Wappen, oder auch auf den zur Zeit seines Pontifaktes erfolgten Untergang des Stauferhauses, das besonders in den Kaisern Friedrich Barbarossa und Friedrich II. das Papsttum so schwer bedrängt hatte.

23. *Anguinus vir. Schlangenmann. Gregor X.* (1271 bis 1276). Das Geschlecht der Visconti, dem Gregor X. angehörte, führte eine Schlange im Wappen. Auch dürfte hier eine Anspielung auf die *staatsmännische Klugheit Gregors X.* vorliegen, dem es trotz größter Hindernisse gelang, die kirchliche Union mit den Griechen zu erreichen, die Anerkennung Rudolfs von Habsburg durchzusetzen und der Kirche eine neue Papstwahlkonstitution zu schenken.

24. *Concionator Gallus. Gallischer Prediger. sel. Innocenz V.* (1276). Peter von Tarentaise gehörte dem Predigerorden der Dominikaner an, war ein Franzose, und war Erzbischof von Lyon. Nur 5 Monate regierte er. Von ihm, dem ersten Dominikanerpapst, sind mehrere gelehrte Kommentare und philosophische Traktate erhalten.

25. *Bonus Comes. Guter Graf. Hadrian V.* (1276). — Sein früherer Name war Graf Ottobono Fieschi; er war bekannt wegen seiner großen Herzensgüte. Er hob die strenge Konklaveordnung Gregors X. wieder auf.[13] Sein Pontifikat währte nur einen Monat.

---

[11] Seppelt, ebd. 147-148.   [12] Wittig, ebd. 116.   [13] Wittig, ebd. 191.

26. *Piscator Tuscus. Tuszischer Fischer. Johannes XXI.* (1276-1277). Petrus Juliani aus Lissabon, Kardinalbischof von Tusculum, wurde zum Papst gewählt zu Viterbo in Etrurien (Tuscia). Nur kaum neun Monate regierte er. Er fand seinen Tod bei einem Deckeneinsturz im Papstpalast zu Viterbo. — Der Name »Fischer« bezieht sich u.E. auf seinen Vornamen »Petrus« (der ein Fischer war).

27. *Rosa composita. Wohlgeordnete Rose. Nikolaus III.* (1277-1280). Nach sechsmonatlicher Vakanz wählten die Kardinäle Giovanni Gaetani aus dem Geschlecht der Orsini, die eine Rose im Wappen führten. Das Wort »composita« findet im Charakter des Papstes seine Bestätigung. Er verstand es ausgezeichnet, *Angelegenheiten zu reglen* und kühne *Pläne zu entwerfen und zu verwirklichen.* — Dies ist genau der Sinn des lateinischen Wortes »componere«. — Nikolaus III. gelang es, Karl von Anjou, den König von Neapel, aus der Politik Roms zu verdrängen und sich selbst zum Senator Roms wählen zu lassen. Auch »erreichte er von Rudolf v. Habsburg, daß dieser auf die Reichsrechte in der Romagna feierlich verzichtete . . . Einen weiteren großen Erfolg erzielte die *geschickte Politik* des Papstes dadurch, daß er einen Ausgleich zwischen Rudolf von Habsburg und Karl von Anjou herbeiführte, deren Beziehungen sehr gespannt gewesen waren . . . Auch hat Nikolaus III. in Rom eine bemerkenswerte Bautätigkeit (componere!) entfaltet . . . (Und nicht zuletzt) war er auch bestrebt, den Glanz seines Hauses zu erhöhen; und bei der Ausführung seiner Pläne in Italien hat er mit Vorliebe seine Verwandten herangezogen.«[14]

28. *Ex teloneo liliacei Martini. Aus der Wechselbank des Lilien-Martin. Martin IV.* (1281-1285). Simon de Brie, ein Franzose, war einst Kanzler Ludwigs IX. von Frankreich, (Lilien befinden sich im Wappen der Könige von Frankreich!) und vor seiner Wahl Kanonikus und Schatzmeister von St. Martin in Tours.

29. *Ex rosa leonina. Aus der Löwen-Rose. Honorius IV.* (1285-1287). Er entstammte dem Geschlechte der Savelli, auf deren Familienwappen zwei Löwen eine Rose halten.

30. *Picus inter escas. Specht zwischen Speisen. Nikolaus IV.* (1288-1292). Diese Bezeichnung scheint zunächst eine Anspielung auf seine Heimat *Askoli in Picenum* zu sein. Dann aber auch sehr wahrscheinlich auf seine Wahl: Er war Ordensgeneral der Franziskaner und Bischof von Palästina, deshalb weigerte er sich zweimal die Papstwürde anzunehmen; er war wie ein Specht, der zögernd zwischen verschiedenen Speisen sitzt und nicht weiß, was er nehmen oder lassen soll.[15]

14) Seppelt, ebd. 150.
15) Elie Daniel, Serait-ce vraiment la fin des temps? Etude sur les prophéties. Paris. Téqui, 1931. S. 208.

31. *Ex eremo celsus. Aus der Einsiedelei erhöht. Hl. Cölestin V.* (1294).
Zwei Jahre blieb die Papstwahl unentschieden. Da einigten die Kardinäle sich
auf den Ordensgründer und Einsiedler Peter Murrone, »der in den rauhen
Abruzzen seit Jahrzehnten ein strenges Bußleben führte . . . Nur schwer war
dieser zur Annahme der päpstlichen Würde zu bewegen . . . Sehr bald zeigte
sich, daß ihm die für sein hohes Amt nötigen Kenntnisse und die unumgängliche Welterfahrung abgingen; . . . er sehnte sich nach seiner engen Zelle, nach
betrachtendem Gebet und Einsamkeit zurück. So hat er denn nach fünfmona-
tigem Pontifikat die päpstliche Würde aus eigenem Entschluß . . . niedergelegt
. . . Im Jahre 1313 erfolgte durch Clemens V. seine Kanonisation.«[16]

32. *Ex undarum benedictione. Aus dem Segen der Wellen. Bonifaz VIII.*
(1294-1303). Dieser große Papst hieß zuvor Benedetto Gaetani. Sein Geschlecht führte im Wappen *himmelblaue Wellen* im goldenen Felde. Seine
Regierungszeit glich übrigens einem wildbewegten Meer. Besonders schwer
waren seine kirchlichen Rechtskämpfe mit König Philipp dem Schönen von
Frankreich. Bonifaz VIII. war ein energischer Verteidiger der kirchlichen
Rechte, zugleich aber auch ein Segenspender, so z.B. sprach er zum Zeichen
seiner Friedensliebe mit Fankreich, König Ludwig IX., den Großvater Philipp des Schönen, heilig. Auch verkündete er *zum Segen aller christlichen
Völker* in 1300 *zum ersten Mal das »Heilige Jahr«.* »Durch die Bulle« Anti-
quorum habet fidem« (22. 2. 1300) wurde allen Gläubigen, die in diesem Jahre
zu den Gräbern der Apostelfürsten wallfahren würden, ein vollkommener
Ablaß gewährt.[17] Wie ein Himmelssegen wirkte diese Kunde auf die mittelalterliche Welt, »welche leidenschaftlicher sündigte und schmerzlicher den
Druck der Schuld und Strafe empfand als je ein Zeitalter. Wie ein offener
Himmel erschien den abertausenden Pilgerscharen Rom mit seinen Heiligtü-
mern und der Pracht seiner Gottesdienste.«[18] — Auch wird berichtet, Bonifaz
VIII. habe den Gebrauch des W e i h w a s s e r s sehr empfohlen.[19] Mit Bonifaz
VIII. ging die spezifisch mittelalterliche Machtstellung des Papsttums in den
immer mehr anschwellenden Wogen des Nationalabsolutismus der europä-
ischen Staaten unter.

33. *Concionator Patareus. Patarischer Prediger. Benedikt XI.* (1303-
1304). Nikolaus Boccasine war früher Dominikanergeneral und ein hervorragender Prediger. Das Wort Patarius ist eine Anspielung auf seinen Vornamen,
da St. Nikolaus aus Patara in Lycien stammte.

34. *De fessis Aquitanicis. Von den Aquitanischen Bändern. Klemens V.*
(1305-1314). Bertrand de Got stammte aus A q u i t a n i e n und war Erzbischof
von Bordeaux. Er führte in seinem Wappen drei horizontale Bänder. — Diese
Bezeichnung »de fessis aquitanicis« scheint jedoch auch eine Anspielung zu
sein auf die »Bande« der aquitanischen Kardinäle (nach dem lateinischen

[16]) Seppelt, ebd. 152-153.
[17]) Seppelt, ebd. 156.
[18]) Wittig, ebd. 122.
[19]) Wilh. Clericus, Das Buch der Wahr- und Weissagungen. Regensburg, Manz, 1923. S. 278.

Dictum: »*Tu es nostrae fasciae*« = »du gehörst auch zu unserer Bande«,) die »durch unwürdige Ränke des Napoleon Orsini bewogen, die Wahl des französischen Kandidaten Bertrand de Got durchgesetzt hatten« (Seppelt). Klemens V. erlag völlig dem Einfluß des französischen Königs und war der erste Papst, der in der französischen Stadt Avignon seinen Wohnsitz nahm; während seines Pontifikates ernannte er 22 französische Kardinäle, fast alle aus Aquitanien. So bereitete er, ohne es zu wollen, das große Schisma vor. — Da fasces auch das Rutenbündel der römischen Liktoren bedeutete, dürfte hier auch eine Anspielung auf das ungerechtfertigte und skandalöse, allerdings vom französischen König aufgezwungene, Verfahren Klemens V. gegen den Templer-Orden vorliegen.

35. *De sutore Osseo. Vom Schuster aus Ossa. Johann XXII.* (1316-1334). Jakob de Oza war der Sohn eines Schusters aus Cahors. Er residierte zu Avignon, wirkte sehr segensreich in der Kirche und verstand es, den durch den Gegenpapst Nikolaus V. entstandenen Riß in der Kirche wieder »zusammenzunähen« (sutor, von suere = nähen).[20]

36. *Corvus schismaticus. Der schismatische Rabe. Gegenpapst Nikolaus V.* (1228-1330). Petrus Rainalucci aus Corvaro in den Abruzzen war am 12. Mai 1328 vom römischen Volk, auf Betreiben Ludwigs des Bayer als Gegenpapst gewählt worden. Er unterwarf sich im Jahre 1330 Johannes XXII,. der ihn in milder Haft bis zu seinem Tode (1333) verwahrte.[21]

37. *Frigidus abbas. Kalter Abt. Benedikt XII.* (1334 bis 1342). Er war zuvor Mönch und Abt des Zistersienserklosters Fons-Frigidus (kalte Quelle) in der Diözese Narbonne. Er residierte zu Avignon, führte ein strenges Leben und forderte ein solches auch von seiner Umgebung. Er war für seine Umgebung und für die ganze Kirche wirklich ein »kalter Vater« (abbas). Gegen die Mißstände ging er mit strengen, »kalten« Erlassen vor. »Seine reformatorische Tätigkeit erstreckte sich auf die Mißstände im Stellenbesetzungs- und Steuerwesen, auf die Kurialbehörden, auf Einschärfung der Residenzpflicht, auf die Organisation der Pönitentiarie und auf die Orden.«[22] »Als Feind des Prunkes und der Hofgängerei leerte er bald die Vorzimmer, nahm alle Wartebriefe seines Vorgängers zurück und entzog die kirchlichen Besetzungen dem Einfluß der weltlichen Behörden.«[23] Kälte strömt heute noch die gewaltige Papstresidenz auf dem sechzig Meter hohen Kalkfelsen zu Avignon aus, dieses seltsame »Gemisch von Burg und Kloster, Gefängnis und Palast«, mit seinen nackten, gelblich-braunen Kolossalmauern und seinen Hallen-Sälen, die der »kalte Abt« Benedikt XII. wenigstens teilweise errichten ließ. »Papa facit fortissimas turres« schreibt ein Zeitgenosse.[24]

---

[20] Daniel, ebd. 215.

[21] Seppelt, ebd. 167.

[22] Seppelt, ebd. 168.

[23] Wittig, ebd. 127.

[24] Ludw. Freiherr von Pastor, Geschichte der Päpste seit dem Ausgang des Mittelalters. Freiburg, Herder. I. Band S. 92.

38. *De rosa atrebatensi. Von der Rose zu Arras. Klemens VI.* (1342-1352).
Pierre Roger war früher Bischof von Arras (auf Latein: Atrebatae) und führte
6 Rosen in seinem Wappen. Auch er residierte zu Avignon. Er war ein
vornehmer Prälat und liebte eine prächtige Hofhaltung.

39. *De montibus Panmachii. Von den Bergen des Panmachius. Innozenz
VI.* (1352-1362). Geboren zu Mont bei Beyssac in der Diözese von Limoges,
wurde später Bischof von Clermont, dann Kardinal der Kirche von St.
Johannes und Paulus auf dem Berge Coelius, dem auch der Titel St. Parmachii
zugehörte. Auch sein Wappen wies sechs Silberberge auf. Er residierte zu
Avignon.

40. *Gallus Vicecomes. Französischer Vizegraf. Urban V.* (1362-1370). Er
war wie seine Vorgänger Franzose und zur Zeit der Papstwahl päpstlicher
Nuntius in Mailand bei den Viskonti. Er residierte noch zu Avignon; nur vier
Jahre, von 1367 bis 1370, verbrachte er in Rom. Mit Jubel war Urban V. am
16. Oktober 1367 in Rom aufgenommen worden. Mit neuem Mut begannen
die Römer an der Wiederherstellung der Kirchen und Paläste zu arbeiten.
Ruhe und Friede schienen zurückgekehrt. Aber Urban V. sehnte sich als
Franzose nach seiner französischen Heimat zurück. »Vergebens wies der
Franziskaner Pedro von Aragonien auf ein Schisma hin, das entstehen könne,
wenn der Papst die Stätte der Apostel verlasse. Weder die flehentlichen
Bitten der Römer und die Mahnung Petrarcas noch die Drohung der hl.
Brigitta, daß er sterben müsse, wenn er aus Italien gehe, vermochten Urban
V. von seinem Entschluße abzubringen; zum größten Schmerz aller wahren
Freunde des Papsttums und der Kirche kehrte er am 27. September 1370 nach
Avignon zurück; bereits am 19. Dezember starb er.«[25] Wie bezeichnend paßt
dazu das Wort des Sehers »Gallus vicecomes«: Er hatte nicht die Energie
eines Grafen, wie Innocenz III. (comes signatus!), nur ein Vize-Graf war er,
und in seinem Herzen blieb er ein echter Franzose: Gallus!

41. *Novus de virgine forti. Ein Neuer von der tapferen Jungfrau. Gregor
XI.* (1370-1378). Als Sohn des Grafen Wilhelm von Beaufort, wurde Petrus
bereits mit 18 Jahren von seinem Onkel Klemens VI. zum Kardinal unter dem
Titel S. Mariae Novae ernannt. Mit drei großen Ideen bestieg Gregor XI.,
den Stuhl Petri: Reform der Kirche, Herstellung des Friedens und Rückverle-
gung der Papstresidenz nach Rom. Die Schwierigkeiten waren jedoch fast
unüberwindlich. Gregor versuchte sogar mit militärischer Macht seine Rückkehr nach Rom vorzubereiten. »Niemand empfand hierüber größeren
Schmerz als eine junge, demütige Klosterfrau, die als Engel der Armen an
Körper und Geist, als heldenmütige Krankenpflegerin zur Zeit der Pest
und als gewaltige Predigerin der Buße einen unermeßlichen Einfluß auf die
Herzen ihrer Zeitgenossen ausübte: Caterina von Siena. Mit klarem Blick
erkannte diese einfache Jungfrau, eine der wunderbarsten Erscheinungen der
Weltgeschichte, das Verschulden auf beiden Seiten, und *mit einem Freimut*

---

[25] Pastor, I, 103.

ohnegleichen sprach sie in »herzerschütternder und herzgewinnender Rede« ihre Überzeugung allen, auch den Mächtigsten gegenüber aus. Als wahre Braut dessen, der gekommen war, der Welt den Frieden zu bringen, predigte sie den Streitenden unaufhörlich Frieden und Versöhnung.«[26] Endlich, sechs Jahre nach seiner Wahl, entschloß sich Gregor XI. zur Rückkehr nach Rom. »Am 14. Januar 1377 landete Gregor bei Ostia und fuhr den Tiber hinauf nach S. Paolo, von wo aus er am 17. Januar, begleitet von einem glänzenden Gefolge, seinen Einzug in die Stadt des hl. Petrus hielt. Die Rückkehr des Papstes aus dem unnatürlichen Exil in Frankreich war ein Wendepunkt nicht nur in der Geschichte der Ewigen Stadt, sondern auch in der Geschichte der Kirche. Ein Franzose hatte selber die Kette gesprengt, die das Papsttum zum Schaden der Christenheit auf das engste an die Herrscher Frankreichs gefesselt hatte. Dem Oberhaupt der Kirche waren zur Freude aller Rechtgesinnten Freiheit und Unabhängigkeit wiedergegeben.«[27] So steht Gregor XI. in Rom als ein »neuer« Papst, aber nur dank der heldenmütigen Jungfrau: Catarina von Siena: Novus de virgine forti.

42. *De Cruce apostolica. Vom apostolischen Kreuze.* Gegenpapst *Klemens VII.* (1378-1394). Nach dem Tode Gregor XI. wählten die Kardinäle am 27. März 1378 den Erzbischof von Bari, Barth. Prignano als Papst (Urban VI.) Bald aber erklärten die französischen Kardinäle diese Wahl für ungültig und wählten als Papst Robert von Genf, Kardinal der Basilika der zwölf Apostel, der nun als Klemens VII. wieder in Avignon residierte. Er führte ein goldenes Kreuz in seinem Wappen, war aber auch in Wirklichkeit durch das durch ihn begonnene Schisma ein schweres »apostolisches Kreuz« für die Kirche.

43. *Luna cosmedina. Kosmedischer Mond. Benedikt XIII.* (1394-1417). Gegenpapst zu Avignon. Nach dem Tode Klemens VII. wählten die avignonesischen Kardinäle den spanischen Kardinal Pedro de Luna, Kardinaldiakon von St. Maria in Cosmedina, zum Papst von Avignon. Im Wappen führte Benedikt XIII. einen silbernen Halbmond.

44. *Schisma Barchinonicum. Das Schisma von Barcelona. Gegenpapst Klemens VIII.* (1424-1429). Vorher Kanonikus von Barcelona wurde Aegidius Mugnos von zwei Kardinälen zum Papst gewählt. Er blieb jedoch ohne Bedeutung.

45. *De inferno praegnanti. Von der schwangeren Hölle. Urban VI.* (1378-1389). Urban VI., vorher Erzbischof Bartholomeo Prignani, stammte aus einem Orte, Inferno genannt, bei Neapel, unfern vom feuerspeienden Vesuv. Dadurch wäre schon seine Bezeichnung gerechtfertigt. Der Sinn des Wortes ist aber viel tiefer; er umfaßt die ganze Situation seiner Papstwahl und des unter seinem Pontifikate ausbrechenden satanischen Schismas von Avignon. Nach dem Tode Gregors IX. »verlangten nämlich die Römer von den zur Wahl versammelten Kardinälen die Wahl eines Römers zum Papste. *Sie umlagerten den Vatikan und nahmen eine drohende Haltung an.* Trotzdem

---

[26]) Pastor, I, 108-109.   [27]) Pastor, I, 115.

kam eine Wahl nach dem Willen der Kardinäle zustande, . . . und die Römer fanden sich in die Wahl dieses Italieners. Als aber der neue Papst, Urban VI., ein rücksichtsloser Mann in absolutistischer Weise zu regieren begann, geriet er in Gegensatz zu den Interessen der Kardinäle. Dieser Gegensatz, nicht aber die Vorgänge bei der Wahl, war die Wurzel des Schismas. Die unzufriedenen Kardinäle begaben sich nach Anagni und erließen einen Hirtenbrief gegen den Papst. Dann wählten sie den Kardinal Robert von Genf und nannten ihn Papst Klemens VII. Ihnen schlossen sich Frankreich, Spanien, Schottland, Cypern und Sizilien an.«[28] Das Schisma von Avignon, dieses Teufelswerk, das 40 lange Jahre die Kirche spalten wird, war geboren, und zwar unter dem Papst, den der Verfasser der Weissagung »Von der schwangeren Hölle« nennt.

46. *Cubus de mixtione. Würfel aus der Mischung. Bonifaz IX.* (1389-1404). Vielleicht ist dieser Name eine Anspielung auf die Würfel im Wappen der Familie, der Bonifaz IX. entstammte; vielleicht ist dieses Wort »cubus de mixtione = Quaderstein aus der Mauer gelöst« auch ein Hinweis auf das Schisma, wobei sich ja ein Block aus dem Gemäuer der Kirche gelöst hatte. Merkwürdig ist jedenfalls, daß Pastor in seiner Papstgeschichte schreibt: »Sehr beklagenswert ist das Verhalten Bonifaz IX. in der wichtigsten Frage, die es für die Kirche damals gab: seine Lässigkeit in der Beilegung des Schismas.«[29]

47. *De meliore sidere. Vom besseren Gestirn. Innozenz VII.* (1404-1406). Entstammte dem Geschlechte der Migliorati, die einen geschweiften Stern im Wappen führten. Wenn wir bedenken, daß Innozenz VII. zur gleichen Zeit in Rom regierte wie sein Gegenpapst Benedikt XIII., mit dem Namen: »Luna cosmedina«, in Avignon, so wird uns der Sinn des Papstnamens *»Vom besseren Gestirn«* noch verständlicher. — Auch leuchtete er in jener dunklen Zeit wie ein Stern durch seine Pflege der Wissenschaft. »Sein kurzes Pontifikat ist hauptsächlich deshalb von Bedeutung, weil er ein Beispiel dafür ist, wie das Papsttum selbst in den widrigsten Zeiten sich die Pflege der Wissenschaften hat angelegen sein lassen. . . . Am 1. September 1406 erließ Innozenz eine Bulle, worin er erklärte, er wolle das Stadium der Wissenschaften und freien Künste, die, abgesehen von ihrem Nutzen, der größte Schmuck einer Stadt seien, wieder nach Rom zurückzuführen.« (Pastor, I. 175).

48. *Nauta de ponte nigro. Der Schiffer von Negroponte* (oder: *auf dem dunklen Meere*). *Gregor XII.* (1406 bis 1417). Angelo Corrario stammte aus Venedig (daher Schiffer) und war Leiter der Kirche zu Negroponte. Seine Bezeichnung erinnert uns auch an die traurige Zeit, da drei Päpste die Kirche regierten, in Rom, in Avignon und in Pisa. »Aus der verruchten Zweiheit war, nach den Worten eines zeitgenössischen Traktates, eine von allen verfluchte Dreiheit geworden.«[30] Gregor XII. dankte 1415 ab um dem Schisma ein Ende zu machen; er starb zwei Jahre später.

---

[28]) Wittig, ebd. 130.   [29]) Pastor, I, 173.   [30]) Seppelt, ebd. 181.

49. *Flagellum solis. Geißel der Sonne. Gegenpapst Alexander V.* (1409-1410). Gewählt auf dem Konzil von Pisa. Er führte die Sonne im Wappen; aber er wurde als dritter Papst eine Geißel für die Kirche. Vielleicht weist dieses Wort auch hin auf die Hungersnot und die Pest, diese Geißel Gottes, die unter seiner Regierungszeit die Menschen heimsuchten.

50. *Cervus sirenae. Hirsch der Sirene. Johannes XXIII.* (1410-1415). Gegenpapst von Pisa. Gebürtig aus Neapel, der Stadt der Sirene Parthenope (die durch ihren Gesang die Schiffer bezauberte und von ihrem Ziel ablenkte). Er war Kardinal mit dem Titel des hl. Eustachius, der stets wie St. Hubertus mit einem Hirsch abgebildet wird. — Soll der Name Sirene auch bedeuten, daß Johannes XXIII. viele Bischöfe ins Schisma hineinlocken wollte? — Jedenfalls ist die Bezeichnung *eines stolzen Hirsches* und *einer heidnischen Sirene* sehr bezeichnend für sein Wesen. »Dieser *schlaue Politiker* war von der Verderbnis seiner Zeit derart ergriffen, daß er auch nicht im entferntesten den Anforderungen der höchsten kirchlichen Würde entsprechen konnte.«[31] »Seine Fähigkeiten waren unzweifelhaft bedeutend, aber er war durchaus weltlich gesinnt, ehrgeizig und skrupellos, nach Charakter und Vorleben für sein hohes Amt denkbar ungeeignet, eher ein Condottiere (= ein Söldnerführer und ein ruhmreicher Renaissancetyp) als ein oberster Hirt der Christenheit.«[32]

51. *Corona veli aurei. Krone des goldenen Segels. Martin V.* (1417-1431). Am 11. November 1417 löste die Wahl des Otto C o l o n n a als einziger Papst der ganzen Christenheit große Freude aus. Er war zuvor Kardinal St. Georgii *ad aureum* gewesen.[33]

Sein Wappen zeigt eine S ä u l e mit einer Krone. Ganz überraschend hat sich an ihm das Wort der Malachiasweissagung erfüllt. Er war in jeder Hinsicht eine »*Columna*«: eine Säule der Kirche. »Er ist der erste und der e i n z i g e Papst, den das uralte Ghibellinengeschlecht der C o l o n n a der Kirche gegeben hat . . . Geboren im Jahre 1368, stand Martin V. in der Vollkraft seiner Jahre. Nach übereinstimmendem Urteil besaß er rühmliche Eigenschaften, die ihn für seine hohe Würde als sehr geeignet empfahlen. Er war erfahren im kanonischen Recht, klug und energisch, einfach und mäßig in seiner Lebensweise . . . Der unendliche Jubel der Zeitgenossen über die Wiederherstellung der kirchlichen Einheit . . . war wohl berechtigt. Die Kirche hatte wieder e i n Haupt, das große abendländische Schisma war im wesentlichen beseitigt.«[34] Schon gleich auf dem Konzil von Konstanz, das ihn gewählt hatte, erwies sich Martin V. als Säule der Kirche; er zeigte, daß er gewillt war, die päpstliche Gewalt monarchisch zu erhalten. — »Gegen die Wünsche der Deutschen und Franzosen wählte Martin V. zu seiner Residenz

---

[31]) Pastor, I, 203-204.

[32]) Seppelt, ebd. 181.

[33]) Prof. Franz Spirago, Die Malachias-Weissagung über die Päpste und das Weltende. Lingen (Ems), Verl. van Acken, 1921. S. 13.

[34]) Pastor, I, 223.

wieder die Stadt Rom, welche freilich einem Räubernest ähnlicher sah als einer Stadt. Die Straßen lagen voller Trümmer, denn niedergestürzt waren der herrlichsten Bauwerke viele . . . Aber Martin V. baute Rom auf und stellte die Ordnung wieder her.«[35]

Vor allem war er darauf bedacht, den Kirchenstaat wieder herzustellen und das in Trümmern liegende Rom wieder zur Residenz der Päpste und zur »Hauptstadt«, zur »*Krone*« der Christenheit zu machen. Ebenso haben die Worte »*velum aureum*« (wörtl. = *goldenes Segel*) einen tiefen Sinn unter dem Pontifikate des Colonnapapstes. Es ist als ob das Schiff Petri, die Hl. Kirche, wieder ein neues prächtiges Segel, das durch das Schisma zerrissen war, erhalten hätte.»Gleichsam die Krone der restauratorischen Tätigkeit Martins V. bildete die Tilgung der letzten Spuren der unglücklichen Kirchenspaltung. Nach allen Seiten hin war der Papst in dieser Richtung unermüdlich beschäftigt.«[36] — Merkwürdig ist auch, daß Martin V. so sehr die *Goldschmiedekunst* förderte. So ließ er u.a. jedes Jahr am Sonntag Lätare, der daher den Namen Rosensonntag erhielt, mit Edelsteinen besetzte goldene Rosen weihen und sie als hohe Auszeichnung an Fürsten und hohe Frauen schenken. Ganz besonders legte er aber Wert auf *golddurchwirkte Prachtgewänder* für die Liturgie (*velum* bedeutet auch Stoff, Vorhang, Hülle, Gewand).»Er legte großen Wert darauf, überall, namentlich aber bei den gottesdienstlichen Handlungen, in vollster Pracht zu erscheinen. Bereits während seiner Hofhaltung in Florenz bestellte er ein reichgesticktes Pluviale und eine goldene Tiara, von deren Schönheit noch hundertfünfzig Jahre später gesprochen wurde . . . Die Sticker erhielten reiche Aufträge für den Schmuck der Mitren und Dalmatiken. Martin V., der für die Werke der Kunststickerei und Weberei ein ganz besonderes Interesse zeigte, nahm bei diesen wie anderen Bestellungen fast ausschließlich florentinische Werkstätten in Anspruch.«[37]

52. *Lupa coelestina*. *Himmlische Wölfin*. *Eugen IV*. (1431-1447). Der neugewählte Papst gehörte dem Orden der Augustinereremiten an und war Bischof v. Siena, als welcher er eine Wölfin im Wappen hatte. Seine Zeitgenossen werden wohl in ihm zunächst mehr den »Wolf« als den »Himmlischen« gesehen haben. Energisch und erbittert war Eugens Kampf mit dem Baseler Konzil, das durch die Lehre von der Superiorität der Konzilien die kirchliche Verfassung bedrohte. Diese Kämpfe füllten sein ganzes Pontifikat aus; und leider ließ Eugen IV. es manchmal dabei an Umsicht und Überlegung fehlen. — Andererseits aber war Eugen IV. ein h eiliger, wirklich »himmlischer« Mann.»Er war nach der Schilderung des Vespasiano da Bisticci von hoher Gestalt, von schönem, ehrfurchtgebietendem Äußern, hager, ernst und gemessen. Er machte auf die Leute in seiner Gegenwart einen so gewaltigen Eindruck, daß sie kaum zu ihm aufzublicken wagten. Während seines Aufenthaltes in Florenz ging er selten aus. Wenn er sich aber sehen ließ, flößte er solche Ehrfurcht ein, daß die meisten bei seinem Anblick Tränen vergossen.»Ich erinnere mich,« fährt Vespasiano fort, »daß Papst

---

[35]) Wittig, ebd. 133.   [36]) Pastor, I, 286.   [37]) Pastor, I, 234.

Eugen einmal in Florenz zur Zeit seines Exils auf der neben dem Eingang zum Kloster S. Maria Novella errichteten Tribüne stand, während das Volk, das den Platz und die benachbarten Straßen füllte, lautlos seine Blicke auf ihn richtete. Als der Papst nun das Adjutorium nostrum in nomine Domini anstimmte, vernahm man auf dem ganzen Platz nur lautes Schluchzen, so überwältigend war der Eindruck der Majestät und Frömmigkeit des Statthalters Christi, der damals in Wahrheit der schien, den er vorstellte.« — Die Lebensweise Eugens IV. war, wie derselbe Vespasiano da Bisticci berichtet, höchst einfach. Er trank keinen Wein, sondern nur Wasser mit Zucker und etwas Zimt. Seine Mahlzeit bestand aus einer einzigen Schüssel Fleisch, nebst Gemüse und Obst, die er liebte . . . Audienzen erteilte er nach Erledigung der Geschäfte bereitwillig. Er war sehr freigebig und spendete Almosen in der reichhaltigsten Weise; infolgedessen war er immer in Schulden, denn er schätzte das Geld nicht und behielt nichts für sich . . . Mit vier Ordensgeistlichen betete er das Offizium, am Tage wie bei Nacht; zur Matutin stand er regelmäßig auf. Wenn er aus dem Schlaf erwachte, ließ er sich eines von den Büchern reichen, die neben seinem Bette lagen, und las eine oder zwei Stunden, indem er aufrecht saß und das Buch vor sich auf einem Kissen zwischen zwei Lichtern liegen hatte. *Die Heiligkeit seines Lebens* bewirkte, daß er allenthalben die höchste Verehrung genoß. Von seinen Verwandten waren einige zu ihm gekommen, aber sie erhielten von dem weltlichen Besitz der Kirche nichts, denn er war der Ansicht, daß er nichts verschenken könne, was nicht sein sei. Die *tiefe Frömmigkeit* des Papstes zeigte sich auch darin, daß er Schmeicheleien und weltliche Ehren verachtete«.[38]

U.E. hat das Wort »Lupa coelestina« noch eine weitere Bedeutung: Lupa = die Wölfin ist das Symbol des heidnischen Rom, das unter dem Pontifikate Eugens IV., der auch unter dem Einfluß der Renaissance stand, mehr noch als dieser es wünschte, wieder auflebte. Coelestina (himmlisch) dagegen weist hin auf himmlische, übernatürliche Geistesströmung unter dem Pontifikate Eugens IV., der mit besonderem Eifer die christliche Kunst förderte, z.B. indem er den frömmsten aller christlichen Künstler, Fra Angelico da Fiesole, im Jahre 1445 in seinem Dienst nahm. Eine Illustration, wie sich unter der Regierung Eugens IV. die heidnische (Lupa) und die christliche

---

[38]) Pastor, I, 297-298. — Schmidlin ist in seiner Studie über die Malachias-Weissagung der Ansicht, daß die Bezeichnung »lupa **coelestina**« ein Beweis sei für die Fälschung post factum der Weissagung; denn, so behauptet Schmidlin, der Verfasser glaubte Eugen IV. sei Cölestinermönch gewesen. Dieser Beweis ist aber durchaus nicht zwingend; »coelestinus« kann nämlich ein vulgär-lateinischer Ausdruck für »himmlisch« sein; und daß Eugen IV. ein »himmlisches« Tugend- und Gebetsleben geführt hat, kann niemand bezweifeln. Wenn bereits Alf. Ciaconi diese falsche Erklärung, coelestina bedeute Cölestiner, gegeben hat, so ist dies bedauernswert, aber kein Beweis dafür, daß die Malachias-Weissagung eine Fälschung sei. Übrigens, selbst wenn in einigen Merksprüchen unzutreffende Worte ständen, wäre dies noch kein genügender Beweis dafür, daß die **ganze** Prophezeiung eine Fälschung wäre, denn fast jede Privatoffenbarung enthält irgendwelche menschliche »Schwächen« oder gar »Irrtümer«.

(caelestina) Welt sich mischten, bieten die unter Eugen IV. angefertigten Bronzetore des Petersdoms, auf dem christliche und heidnische Motive miteinander verflochten sind.

53. *Amator Crucis. Liebhaber des Kreuzes. Gegenpapst Felix V.* (1439-1448). Die Baseler Synode setzte Eugen IV. ab und wählte am 5. November 1439 den Herzog Amadeus von Savoyen zum Gegenpapst. Amadeus führte ein Kreuz im Wappen. Wie der Papst Klemens VII. (De cruce apostolica) war auch er ein Kreuz für die Hl. Kirche. Er war nur von einem Kardinal und elf Bischöfen gewählt worden.

54. *De modicitate lunae. Von der Bescheidenheit des Mondes. Nikolaus V.* (1447-1455). Das Merkwort des neuen Papstes bezieht sich zunächst auf seine Heimat und auf die bescheidenen Verhältnisse seines Elternhauses. »Tommaso Parentucelli, geb. am 15. Nov. 1397, war der Sohn eines rechtschaffenen und geschickten, jedoch *mit Glücksgütern nicht gesegneten Arztes* aus Sarzana ... an der ligurischen Küste (in der Diözese Luna) ... Der reich begabte, frühentwickelte Knabe hatte eine harte Jugend. Er verlor bald seinen Vater und mußte später wegen Mittellosigkeit seine Studien unterbrechen.«[39] Als Hauslehrer und Bibliothekar in Florenz wurde er für Kunst und Wissenschaft begeistert und blieb es bis zu seinem Lebensende. Vor seiner Wahl war Nikolaus V. Kardinal von Bologna. Auch als Papst blieb er äußerst bescheiden, mäßig und demütig. »In der Lebensweise übte der aus kleinen Verhältnissen Stammende stets große Enthaltsamkeit und Mäßigkeit; sein Tisch blieb, auch nachdem er Papst geworden, so einfach wie vorher.«[40] »Alle Zeitgenossen bezeugen es, daß der schönste Schmuck des Gelehrten, die Bescheidenheit, eine der vornehmsten Tugenden dieses rührend leutseligen Papstes war. Jede Selbstüberhebung war ihm fremd.«[41] »An der Jubiläumsfeier in Rom beteiligte sich eifrig auch der Papst; ... man sah ihn mit bloßen Füßen die Stationen besuchen.«[42]

U.E. weist das Wort »Luna« noch auf einen anderen Charakterzug im Pontifikate Nikolaus V. hin. Luna oder Selene galt nämlich in der Mythologie als die Mondgöttin, die mit Diana bzw. mit Artemis, der Schwester des Apollo, identifiziert wurde. So war Luna mit Apollo Beschützerin der Kunst und Wissenschaft. Wie wunderbar paßte dieses mythologische Sinnbild auf das glanzumstrahlte Mäzenatentum eines Nikolaus V. »Das größte Ruhmesblatt im Pontifikat dieses vielseitig begabten, an geistigen Interessen reichen Papstes aber ist es, daß er sich in großzügiger Weise die Förderung von Kunst und Wissenschaft angelegen sein ließ und dadurch, wie seine Grabschrift rühmt, für Rom ein goldenes Zeitalter begründete. »All mein Geld möchte ich für Bücher und Bauten ausgeben«, so hatte er einst gesagt, danach handelte er auch als Papst. Berühmte Gelehrte und Literaten ... zog der Papst an die Kurie, an der ein fröhlicher Musenhof entstand ... Von weitreichender

---

[39]) Pastor, I, 380-381.   [40]) Pastor, I, 385.   [41]) Pastor, I, 389.   [42]) Pastor, I, 441.

bleibender Bedeutung war des Papstes Tätigkeit als Büchersammler . . . So wurde Nikolaus V. der eigentliche Begründer der Vatikanischen Bibliothek.«[43]

Noch ein anderes wichtiges Ereignis unter der Regierungszeit Nikolaus V. scheint im Merkspruch »de modicitate lunae« angedeutet zu sein. »De modicitate lunae« kann nämlich auch heißen »vom mittelmäßigen Mond«, bzw. vom »Halbmond«. Nun aber fällt gerade in jene Zeit der Fall von Konstantinopel (29. Mai 1453) mit dem Untergang des byzantinischen Reiches und der Aufrichtung der Türkenherrschaft auf europäischem Boden. Der Halbmond in Konstantinopel! Diese Botschaft erfüllte das ganze Abendland mit Angst und Schrecken.

55. *Bos pascens. Der weidende Ochse. Kalixt III.* (1455 bis 1458). Mit diesem Papst tritt die spanische Familie der Borja, oder Borgia in die Geschichte des Papsttums ein. Das Familienwappen der Borgia führt einen Stier. Darauf spielt gewiß das Merkwort »der weidende Ochs« an. Aber warum heißt es nicht »Stier« statt »Ochs«? Es dürfte dies wohl eine Anpassung auf das Wesen des Papstes sein. Der Stier ist das Symbol leidenschaftlicher, sinnloser Kraft; der Ochs dagegen beharrender Energie. Letzteres trifft zu für Alfonso Borgia, den greisen Kalixt III. Der Renaissancekunst stand er, ganz anders als seine Vorgänger, kühl und gleichgültig gegenüber (bos!). Die Bekämpfung der Türken erschien ihm mit Recht als die wichtigste Pflicht seines Amtes. Sein Pontifikat ist ganz erfüllt von den Bemühungen um die Wiedereroberung Konstantinopels und die Abwehr der vordringenden Türken.[44] — Aber auch das Wort »pascens« — »weidend« scheint einen tieferen Sinn zu haben, denn unter Kalixt III. wurde Rom tatsächlich zum »Weideplatz der spanischen Stiere«. D.h. Kalixt betrieb einen Nepotismus, wie noch nie ein Papst zuvor. »Dieser maßlose Nepotismus war umsomehr tadelnswert und verhängnisvoll, als sich unter den von ihm zu den höchsten Ehrenstellen und einflußreichsten Ämtern beförderten Nepoten zwar glänzend begabte, aber durchaus unwürdige, sittenlose Männer befanden. Am bekanntesten ist von ihnen Rodrigo Borja geworden, der spätere Papst Alexander VI., der im jugendlichen Alter zum Kardinal und Vizekanzler der römischen Kirche erhoben wurde. Da der Papst neben seinen Verwandten auch seine spanischen Landsleute sehr begünstigte und reich mit Stellen in Rom und dem Kirchenstaat versorgt hatte, kam es beim Tode des Papstes (6. Aug. 1458) zu wilden Ausbrüchen des Volkshasses gegen die Katalanen.«[45] Deshalb mußten die Nepoten und Günstlinge des verstorbenen Papstes aus Rom fliehen. Aber sie kamen bald wieder zu ihrem »Weideplatz« zurück.

---

[43]) Seppelt, ebd. 191.   [44]) Seppelt, ebd. 192.   [45]) Seppelt, ebd. 193.

56. *De Capra et albergo. Von der Ziege und der Herberge. Pius II.* (1458-1464). Als Nachfolger Kalixt III. wäre gewiß der edle Kardinal C a p r a n i c a gewählt worden, da er am besten berufen schien um den Kampf gegen die Türken aufzunehmen und die Kirche zu reformieren. Leider aber starb Kardinal Capranica am 14. Aug. 1458, kurz vor Beginn des Konklave. Deshalb wurde sein ehemaliger Sekretär, Kardinalbischof Enea Silvio Piccolomini zum Papst gewählt.[46] Mit Recht heißt es also von ihm *»de Capra«* = *von Capra* (bzw. von Capranica her). Auch hatte Pius II. zu den Günstlingen des ehemaligen Kartäusers und späteren hochgebildeten Bischofs von Bologna, Kardinal Niccolo d'A l b e r g a t i (1375-1443) gezählt.[47] Auch hier trifft also das Wort: *»de Albergo«*: *von Albergati her* überraschend zu.

U.E. aber hat das Wort *»Von der Ziege und der Herberge«* noch eine andere Bedeutung. Wie nie ein anderer Papst zog Pius II. (gleich einer Ziege!) *durch die italienischen Berge,* sich der herrlichen Bergwelt erfreuend, stets *zufrieden mit einer schlichten Herberge.* Freih. v. Pastor schreibt u.a. hierüber: »Die ungewöhnliche Vorliebe des Papstes für Ausflüge und Reisen verdient eine besondere Beachtung. Hat Pius II. auch nicht so weite Fahrten unternommen wie andere Päpste, so sind doch wenige soviel umhergezogen wie er . . . Politische wie gesundheitliche Rücksichten, ein unstillbarer Wissensdurst, Freude an der Zwanglosigkeit des geselligen Umgangs, endlich eine große Begeisterung für die Schönheit der heimischen Natur waren die Antriebe zu dem in jener Zeit ganz ungewöhnlichen Wechseln des Wohnortes. Ländlicher Aufenthalt war die Haupterholung, welche der gichtleidende Papst sich gönnte . . . Die ewig neuen Reize der Natur übten auf den mit einem seltenen Sinn für Schönheit Begabten eine unwiderstehliche Anziehungskraft aus . . . Die feinsinnigen Schilderungen, welche Pius II. von seinen Wanderungen entworfen hat, genießen mit Recht einen hohen Ruf . . . Je mehr sich sein Lebensabend senkte, um so eifriger erwärmte er sich an der unvergleichlichen Herrlichkeit Italiens . . . Das Gefolge geriet oft in Verzweiflung, wenn es bei den vielen Reisen des Papstes in armseligen Flecken und verfallenen Klöstern weilen mußte, wo selbst für die notwendigsten Nahrungsmittel nur dürftig gesorgt war. Pius selbst war bei solchen Gelegenheiten mit allem zufrieden.«[48] So war er wirklich der Papst *»de Capra et albergo«*!

57. *De Cervo et leone. Vom Hirsch und Löwen. Paul II.* (1464-1471). Erst 48 Jahre war Kardinal Barbo alt, als er zum Papst gewählt wurde. Die Wahl führte *»ganz überraschend schnell«* zum Ziele. »Am 30. August fand das erste Skrutinium statt. In demselben fielen auf Scampo 7, auf Estouteville 9, auf Pietro Barbo 11 Stimmen. Letzterer . . . erhielt nun sofort durch Akzeß drei weitere Stimmen. Damit war seine Wahl entschieden . . . Die *außerordentlich schnelle Wahl* des Kardinals Barbo schien vielen *wie ein Wunder,* denn niemand erinnerte sich, daß jemals weniger als drei Skrutinien stattgefunden hatten.«[49] *Wie ein schneller Hirsch* war Pietro Barbo aus der Wahl

---

[46]) Seppelt, ebd. 193.   [47]) Pastor, I, 280.   [48]) Pastor, II, 26-28, 23.   [49]) Pastor, II, 299.

hervorgegangen. In seinem Familienwappen führte er einen Löwen. Auch dachte er sich als Papst »Markus« (dessen Sinnbild ein Löwe ist!) zu nennen; allein er sah davon ab, weil das Feldgeschrei der Venetianer so lautete. So entschied er sich für Paul. Mit Vorliebe sammelte Paul II. (schon vor einer Wahl) antike Kunstwerke, die er im Palaste S. Marco aufstellen ließ. Die »Hauptschöpfung Pauls II. ist der *Palazzo di S. Marco,* jetzt Palazzo di Venezia . . . Ein ganzes Straßenviertel mußte niedergerissen werden, um dem in echt römischen Verhältnissen erdachten Neubau Platz zu schaffen, und obgleich fast die ganze Regierungszeit des Papstes hindurch fortgearbeitet wurde, war der Palast, welcher die neu ausgeschmückte Markusbasilika fast wie eine Schloßkapelle in sich aufnahm, bei seinem Tode nicht vollendet . . . Seit dem Jahre 1466 hatte Paul II. in diesem am Fuße des Kapitols . . . gelegenen gigantischen Palaste während eines großen Teils des Jahres seine Residenz aufgeschlagen . . . Namentlich im Sommer wohnte der Papst in S. Marco.«[50]

Auch für seinen Charakter paßt ausgezeichnet das Merkwort »de leone« — »vom Löwen«. Paul war eine Herrschernatur; »er kämpfte gegen die Könige Georg Podiebrad und Ferrante von Neapel, die Fraticellen und die heidnische Renaissance und unterstützte Ungarn gegen die Türken« (Wittig).

An die Worte »vom Hirsch und Löwen« erinnert auch *»sein imponierendes Äußere, seine hohe schöne Gestalt, seine würdevolle Haltung:* Eigenschaften, auf welche die Italiener von jeher großen Wert gelegt haben. Trefflich kommt *seine majestätische Erscheinung* in der von Mino da Fresole ausgeführten Kolossalbüste zum Ausdruck, welche im Palazzo di Venezia aufbewahrt wird.«[51]

58. *Piscator minorita. Minderer (Kleinerer) bzw. franziskanischer Fischer. Sixtus IV.* (1471-1484). Die Neuwahl brachte den Franziskanergeneral und Kardinal Francesco della Rovere, den Sohn eines armen Fischers, auf den Stuhl Petri. Was sein Merkwort sagt, war er wirklich: ein »minderer Fischer« = ein »minderwertiger Papst (als Seelenfischer!)« — »Man pflegt von seinem Pontifikat an einen neuen, und zwar sehr unerfreulichen Abschnitt der Papstgeschichte, das »Zeitalter des Verderbens«, zu datieren; denn mehr noch, als es schon in den letzten Pontifikaten der Fall gewesen war, trat nunmehr das, was die eigentliche Aufgabe und die vornehmste Sorge der Päpste hätte sein müssen, die Beschäftigung mit den religiösen und rein kirchlichen Aufgaben ihres hohen Amtes, in ganz unnatürlicher Weise hinter rein weltlichen und politischen Bestrebungen zurück. An dem harten Urteil, das diese verhängnisvolle Vernachlässigung der obersten Pflichten verdient, kann dadurch nichts geändert werden, daß diese Päpste durch ihre hochsinnige Förderung der Künste und Wissenschaften unvergänglichen Ruhm an ihren Namen geknüpft haben. In engstem wechselseitigem Zusammenhang mit dieser Verweltlichung des Papsttums steht die weitere Ausbildung des

---

[50]) Pastor, II, 252-354.   [51]) Pastor, II, 302-303.

Nepotismus, der nunmehr alle Schranken überschreitet und zum förmlichen System erhoben wird. Die Größe der Verirrung wird dadurch grell beleuchtet, daß von der rein kirchlichen Tätigkeit gerade dieses Franziskanerpapstes . . . kaum etwas zu berichten ist.«[52]

59. *Praecursor Siciliae. Vorläufer von Sizilien. Innozenz VIII.* (1484-1492). *Giovanni Battista* Cibo, Kardinal von S. Cecilia und Bischof von Molfetta, war früher lange Zeit in Neapel, am Hofe des Königs von Sizilien in der Verwaltung und Justiz tätig gewesen.[53] Diese Angaben entsprechen auffallend dem Merkwort der Papstweissagung, vor allem wenn man bedenkt, daß Johannes der Täufer (Giovanni Battista) ja der Vorläufer des Herrn war. — Merkwürdig ist auch, daß gerade unter seiner Regierungszeit, besonders kurz vor seinem Tode, erfolgreiche Bußprediger nach Art des Johannes des Täufers auftraten, unter denen der sprachgewaltigste Savonarola war.[54]

60. *Bos albanus in portu. Albanischer Ochs im Hafen. Alexander VI.* (1492-1503). Der bereits von seinem Oheim Kalixt III. zum Kardinal erhobene Rodrigo aus der spanischen Familie der Borgia, *mit dem Stier im Wappen,* hatte 1468 das Bistum Albano (albanus!) erhalten, das er aber im Jahre 1476 mit dem von Porto (in portu!) vertauschte. Sein Pontifikat ist gewiß ein sehr trauriges Kapitel in der Kirchengeschichte. Aber immerhin ist es »eine erhebende Erscheinung zu sehen, wie der Hl. Stuhl selbst unter einem Alexander VI. die Verbreitung des Evangeliums unter den Heiden gefördert hat.«[55] Alexander VI. sandte Missionare nach Übersee (in portu!). Denn »durch die kühne Forscherfahrt (in portu!) des Christoph Columbus war die Erde und damit der Boden des Reiches Gottes auf das Doppelte gewachsen. Amerika war entdeckt. Jetzt zeigte es sich, daß das Papsttum trotz der sittlichen Erniedrigung seines Inhabers als das Schiedsgericht der Welt gelte: Alexander wurde aufgefordert, die neue Welt zu teilen zwischen Spanien und Portugal (in portu!)« (Wittig, 140).

61. *De parvo homine. Vom kleinen Menschen. Pius III.* (1503). Der neue Papst, Francesco Piccolomini (= kleiner Mensch) war ein aufrichtiger, demütiger Mann. Schon leidend bei seiner Wahl, konnte er nur sitzend das hl. Meßopfer bei seiner Krönungsfeier zelebrieren (de parvo homine!). In seiner Demut sagte er dem venezianischen Gesandten am Tage vor seiner Krönung: »Ich bin weder ein Heiliger noch ein Engel, sondern ein irrtumsfähiger Mensch« (de parvo homine!). Am 18. Oktober, 26 Tage nach seiner Wahl (de parvo homine!), starb er, von allen tief betrauert.[56]

62. *Fructus Jovis juvabit. Jupiters Frucht wird helfen. Julius II* (1503-1513). »Jupiters Frucht« war Minerva (die griech. Athene), die aus dem Haupte des Jupiters, bzw. des Zeus entsprungene Lieblingstochter des Zeus.

---

[52] Seppelt, ebd. 196.   [54] Pastor, III, 234-235.   [56] Pastor, III, 674-675.
[53] Pastor, III, 213-214.   [55] Pastor, III, 618.

Sie galt als die Göttin der *Weisheit,* der *Künste* und *Wissenschaft,* auch der *Kriegskunst.* Wẹnn irgend ein Merkspruch der Malachiasweissagung auf einen Papst paßt, so dieser: »*Minerva wird helfen*« auf Julius II. »Er führte zwar ein einwandfreies Leben, aber ein Hoherpriester und Seelenhirt ist er auch nicht gewesen; er war eine politisch gerichtete Persönlichkeit, durchaus *weltlich gesinnt* (Minerva!), ein König und Feldherr«.[57] Fast immer war Julius II., nach dem Vorbild Julius Cäsars, im Krieg; er zog sogar selbst zu Felde und erstürmte mit seinen Soldaten die befestigten Städte. »Julius II. ist der Herrscher, unter dem K r i e g und K u n s t zu gleicher Zeit blühten. Während das Patrimonium Petri aus dem Ruin zu machtvoller Größe und ruhiger Sicherheit aufstieg, wuchsen Riesenwerke der Kunst. Da waren Bramante, Michelangelo und Raffael die Generale. Am 18. April 1506 legte Julius den Grundstein zur neuen Peterskirche. Seine Kraftnatur inspirierte Architektur und Malerei. Die für jene Zeit großartigen Straßenanlagen der Via Giulia, der Lungara sind sein Werk. In der Capella Sixtina und im Damasushofe schmük-ken sich Wände und Decken mit den kraftvollsten Produkten der Malerkunst. *Unter Julius offenbarte das Altertum seine schönsten Werke, als hätte es eine Empfindung dafür gehabt, daß keine andere Zeit ihrer würdiger sein könn-te*«[58] (Minerva juvabit!).

Aber warum diese Umschreibung »fructus Jovis« statt Minerva? Wahr-scheinlich um so anzuspielen auf den Familiennamen und das Familienwap-pen des Papstes. Julius II. hieß nämlich Giuliano della Rovere (= Eiche) und führte auch im Familienwappen eine Eiche. Die Eiche aber galt als der dem Jupiter geweihte Baum.

63. *De Craticula Politiana. Vom Politianischen Rost. Leo X.* (1513-1521). Kardinal Giovanni de' Medici war der zweite Sohn des L o r e n z o Medicis. (des hl. L a u r e n t i u s Sinnbild ist sein Marterwerkzeug: ein R o s t !) »Auf Betreiben seines Vaters war er von Innocenz VIII. schon im 14. Lebensjahre ins Kardinalkollegium aufgenommen worden; seine p o l i t i s c h e Laufbahn hatte er begonnen, als Julius II. ihn als Legaten an die Spitze seines Heeres stellte, das die Franzosen aus Italien vertreiben sollte.«[59] Für die klassische Bildung Giovannis hatte besonders der hervorragende Humanist Angelo P o l i z i a n o (Politiana!) gesorgt. Leo X. war mehr Humanist und P o l i t i k e r (Politiana!) als Seelsorger. Auch kann man seiner Politik den Vorwurf der Hinterhältigkeit nicht immer ersparen. Bezeichnend ist, daß die Zeitgenossen nicht von ihm als dem Papst, dem geistlichem Herrscher, sprechen, sondern von dem P r i n c i p e, dem Fürsten, dem P o l i t i k e r, dem Mäzen der Künste.[60]

64. *Leo Florentius. Löwe Florentius. Hadrian VI.* (1522-1523). Der neue Papst war der Sohn des Handwerkers F l o r e n s Boeyens in Utrecht. Im Jahre 1476 bezog er, 17 Jahre alt, die Universität Löwen (Leo!). Dies sollte für

57) Seppelt, ebd. 201.   59) Seppelt, ebd. 204.
58) Wittig, ebd. 143-144.   60) Vgl. Seppelt, ebd. 206 und Pastor, IV, I. Teil, S. 359 ff.

seine spätere Stellung als oberster Hirt der Kirche eine große Bedeutung haben, denn die Universität Löwen war nicht wie die Universitäten Italiens vom Renaissance-Geist verseucht. Sie war vom Humanismus wenig berührt und genoß als theologische Lehranstalt einen großen Ruf. Nachdem er hier mit ausgezeichnetem Erfolg 12 Jahre studiert hatte, wurde er selbst Professor dieser Universität. Später wurde er Generalinquisitor von Kastilien und Leon[61] (Leo!). — Das Merkwort L e o = Löwe paßt übrigens ausgezeichnet auf Papst Hadrian. Er war ein Willensmensch aber mit königlicher Ruhe, der gegenüber den Machthabern wie auch gegenüber den Kardinälen seine Unabhängigkeit wahrte. Er hatte den Mut an der verweltlichten Kurie als Reformator aufzutreten.»Er setzte das Messer scharf an, indem er, den Kurialen ungehört, die Kanzleiregeln nicht dem Herkommen gemäß einfach bestätigte, sondern dieselben vielfach umgestaltete, wobei namentlich die Vorrechte der Kardinäle beschnitten wurden . . . Aufsehen erregte die außerordentliche Strenge, welche der neue Papst sofort an den Tag legte . . . Eine solche Einfachheit, Frömmigkeit und Strenge, wie sie der neue Papst an den Tag legte, hatten die Kurialen noch nie gesehen.«[62] So hob mit Hadrian VI. eine neue Blütezeit des Papsttums an. Er ist der erste der Reformpäpste, deren die Kirche so sehr bedurfte. Vielleicht trägt er deshalb auch in der Weissagung den Namen »Florentius«. Florentius kommt von florescere; f l o r e s c e r e aber heißt *»aufblühen, zu blühen anfangen«* (florere heißt »blühen«). Unter Hadrian blüht das Papsttum wieder auf.

65. *Flos pilei aegri. Blume des kranken Hutes. Klemens VII.* (1523-1534).
»Das Ansehen, welches sich Klemens VII. als Kardinal Giulio de Medici . . . durch seine treffliche Regierung in F l o r e n z (flos!) wie durch sein ernstes . . . Wesen erobert hatte, strahlte zurück auf den Beginn seines Pontifikates. Selten ist ein neuer Papst mit so allgemeiner Freude und so hochgespannten Erwartungen begrüßt worden wie er.«[63] Sowohl die auf eine Reform bedachten Christen, wie auch die Humanisten erhofften von ihm ein A u f b l ü h e n ihrer Bestrebungen. »Jedoch sind die hohen Erwartungen, die man auf sein Pontifikat setzte, in keiner Weise erfüllt worden. Trotz seiner mancherlei guten Eigenschaften war sein Pontifikat eines der unglücklichsten, den die Geschichte kennt . . . Das größte Unglück in seinem Pontifikat war, daß in diesen Jahren die Abfallsbewegung in Deutschland, in der Schweiz, in den nordischen Ländern und in England eine erschreckende Ausdehnung gewann. Als Klemens VII. starb, hatte fast ein Drittel Europas sich von der katholischen Kirche losgesagt.«[64] Die Kirche, bzw. die Herrschaft des Papstes, war k r a n k geworden, wie nie mehr seit der Zeit des Arianismus. Pileus (bzw. Pilleus) dürfte wohl die Kopfbedeckung des Papstes bedeuten, und darauf hinweisen, daß *das Haupt der Kirche* so schwach und k r a n k geworden ist, daß viele Glieder der Kirche von ihm abfielen. Übrigens ist Klemens

[61]) Pastor, IV, II. Teil, 25, 27, 31 ff. [63]) Pastor, IV, II. Teil, 170.
[62]) Pastor, IV, II. Teil, 41. 48. 49. [64]) Seppelt, ebd. 209.

VII. aber auch selbst lange Zeit krank gewesen. Von Juni 1534 zog sich die Krankheit des Papstes hin bis zum September. Monatelang hatte er zwischen Leben und Tod geschwebt. Er starb am 25. September 1534. Sein Tod war eine Erlösung für ihn und für die Kirche.[65]

66. *Hyacinthus medicorum. Hyazinthe der Ärzte. Paul III.* (1534-1549).
Der neue Papst entstammte dem angesehen Geschlechte der Farnese, das sechs H y a z i n t h e n im Wappen führte.[66] Am 20. September 1493 war er zum Kardinaldiakon v. S. Cosma und Damiano ernannt worden.[67] *Cosmas und Damian waren bekanntlich heilige Ärzte.* Das Wort »medicorum« dürfte auch eine Anspielung sein auf den Gesundheitszustand des Papstes. Paul II. war *wie eine Blume die von Ärzten gepflegt werden mußte.* »Nur eines,« schreibt Freiherr v. Pastor, »warf einen tiefen Schatten auf den allgemeinen Freudenjubel (bei der Wahl): die Gesundheit des 67jährigen Papstes, der erst 1533 eine schwere Krankheit überstanden hatte, schien so erschüttert, daß nach menschlicher Vorraussicht nur eine ganz kurze Regierung zu erwarten war. Allein in dem gebrechlichen Körper wohnte ein starker Geist und eine eiserne Willenskraft . . . dem so hinfällig scheinenden sollte das längste Pontifikat von allen Päpsten des Jahrhunderts beschieden sein.«[68] — Merkwürdig ist auch, daß Paul III. der keine Heiligsprechung vorgenommen hat, 1539 ein Konsistorium einberief *für die Heiligsprechung des seligen Hyazinth O. Pr.,* des Apostels der Polen und Ukrainer († 1257 in Kraukau).[69] — Die Bezeichnung »Hyazinthe (= *Frühlingsblume)* der Ärzte« hat u.E. aber noch eine weitere Bedeutung. Paul III. war nämlich gleichsam *die Frühlingsblüte,* unter den »Ärzten der kranken Kirche«, wie man die Reformpäpste seit dem Tridentinum nennen kann. »Im vollen Bewußtsein des Ernstes der Lage und der dringenden Bedürfnisse der Kirche brach der Farnesepapst mit der unheilvollen Tradition der Renaissancepäpste . . . Von dem aufrichtigen Willen erfüllt, alles zu tun, um seiner erhabenen Stellung gerecht zu werden, wandte er von Beginn seiner Regierung an den kirchlichen Dingen in ganz anderer Weise seine Aufmerksamkeit zu als die Mediceerpäpste.«[70] — »Das wichtigste Ereignis im Pontifikat Pauls III. war, daß unter ihm endlich das allgemeine Konzil von Trient eröffnet werden konnte und seine Arbeit begann, das Trienter Konzil, das der Hauptträger der kirchlichen Reform zu werden berufen war.«[71]

67. *De corona montana. Vom Bergkranz. Julius III.* (1550-1555). Der in einem fast dreimonatlichen Konklave gewählte Papst Giovan Maria d e l M o n t e entstammte der Familie der Ciocchi del Monte. Er war zwar in Rom geboren; die Familie aber trug den Beinamen del Monte von ihrem ursprünglichen Sitze Monte San Savino, einem Städtchen im Gebiet von Orezzo.[72] In seinem Wappen führte der Papst drei Berge und einen Lor-

---

65) Pastor, IV, II. Teil, 540 ff. 67) Pastor, V, 15. 69) Pastor, V. 721. 71) Seppelt, 213.

66) Pastor, V, 12. 68) Pastor, V, 22-23. 70) Pastor, V, 28. 72) Pastor, VI, 36.

beerkranz.[73] — Vielleicht dürfte das Wort »corona« (Lorbeerkranz) auch eine Anspielung sein auf die Vorliebe Julius III. für Festzüge, theatralische Vorstellungen und Wettkämpfe, »denen der Papst zuzuschauen nicht verschmähte.«[74]

68. *Frumentum flaccidum. Verwelktes Getreide. Marcellus II.* (1555) Marcellus Cervini hatte im Wappen Kornähren und einen Hirsch. Seine Wahl »war ein voller Sieg der strengkirchlichen Reformpartei; denn Cervini war wohl der ausgezeichnetste Mann, den das Heilige Kollegium aufwies . . . Marcellus II. war vom ernstesten Reformwillen durchdrungen.«[75] Marcellus war an der Kurie wie eine kostbare, reiche Frucht versprechende Ähre unter dem wuchernden Unkraut; aber *diese verheißungsvolle Ähre welkte schnell dahin.* »Die Gesundheit Marcellus' II. war von früher Jugend an sehr schwankend gewesen, und wiederholt hatte sein schwacher Körper sich den Anstrengungen nicht gewachsen gezeigt, die er ihm zumutete. Man sah es der *schlanken, schmächtigen* Figur und dem ernsten, bleichen Antlitz . . . an, *wie schwach die körperliche Hülle war, in der dieser starke Geist wohnte* (frumentum flaccidum!). Wie die Anstrengungen des Berufes, so hatten wiederholt schwere Krankheiten den Kardinal Cervini an den Rand des Grabes gebracht.«[76] Und leider »schon 22 Tage nach seiner Wahl starb er (am 1. Mai 1555); die rastlose Tätigkeit und das niederdrückende Gefühl seiner schweren Verantwortung hatten ihm . . . den Rest der Kräfte geraubt.«[77]

69. *De fide Petri. Vom Glauben des Petrus. Paul IV.* (1555-1559). Kardinaldekan Gian Pietro Carafa (= cara fides: wertvoller Glaube!) war bereits jahrzehntelang vor seiner Wahl ein energischer Verteidiger des kath. Glaubens. Er war Mitglied des Oratoriums gewesen, dann Mitbegründer und erster Oberer des für die Verteidigung des kath. Glaubens so bedeutenden Theatinerordens. »Sein Einfluß . . . bewirkte im Jahre 1542 die Begründung der römischen Inquisition, für deren Einrichtung und Tätigkeit er seine ganze Kraft einsetzte. Als Paul IV. nun ein Greis von 79 Jahren, den Stuhl Petri bestieg, war das Ziel das gleiche, dem seit Jahrzehnten sein ganzes Sinnen und Trachten gegolten hatte. Die Last der Jahre hatte seine feurige Tatkraft und seinen eisernen Willen nicht gebeugt; aber die Jahre hatten ihm auch nicht die abgeklärte Ruhe und Besonnenheit des Alters gebracht; das jäh Aufbrausende seines Charakters, das Stürmische in seinem Handeln . . . und die Schärfe in seinen Äußerungen hatte er nicht abgelegt.«[78] Ist diese Charakterschilderung der, welche die Exegeten vom Apostelfürsten Petrus entwerfen, nicht äußerst ähnlich?! —

»Seit sechzig Jahren hatte Gian Petro Carafa all seine Geistesgaben mit der Kraft eines eisernen Willens und der Festigkeit eines keinen Widerspruch duldenden Charakters auf ein Ziel gerichtet: das Ansehen und die Macht, die Reinheit und die Würde der von inneren und äußeren Feinden hart bedräng-

---

73) Spirago, ebd. 15.　　75) Seppelt, ebd. 216.　　77) Seppelt, ebd. 216.
74) Pastor, VI, 74-50.　　76) Pastor, VI, 351-352.　　78) Seppelt, ebd. 217.

ten Kirche wieder aufleben zu lassen ... In allen seinen Stellungen bewährte er sich ... als der Strengste der Strengen, besonders in allen Angelegenheiten, welche die Reinheit der Sitten und des Glaubens betrafen.«[79] »*Der Feuereifer, mit welchem Paul IV.* der Verweltlichung und Verderbnis in der Kirche entgegentrat, wurde noch übertroffen von seiner *Sorge für den Schutz des wahren Glaubens.* Von jeher war ihm die Reinerhaltung und Verteidigung dieses kostbaren Gutes als eine der Hauptaufgaben der kirchlichen Autorität erschienen. Auf den Stuhl Petri erhoben, wollte er als der von Gott gesetzte oberste *Lehrer und Bewahrer des Glaubens* für die Erhaltung der vollen, reinen und ungetrübten Wahrheit um so mehr seine ganze Kraft einsetzen, je größere Gefahren sie von allen Seiten bedrohten.«[80] »Auf seinen Befehl mußte die Inquisition ... mit einer Strenge vorgehen, die der Augustinergeneral Seripando gelegentlich als unmenschlich kennzeichnete. Der Inquisition, seiner Lieblingsbehörde, wurde der Rang vor allen anderen Behörden eingeräumt ... Schonungslos war auch der Kampf, den die Inquisition *gegen häretische Bücher* aufnahm. Im Jahre 1559 wurde ein Verzeichnis häretischer Bücher veröffentlicht; es war der erste im Auftrag eines Papstes publizierte römische Index.«[81] — »*Sorge für die Reinerhaltung des Glaubens* war auch die Ursache der überaus strengen Verordnungen, die Paul IV. gleich zu Beginn seines Pontifikats wider die Juden erließ ... Eine Bulle vom 14. Juli 1555 verordnete ..., daß die Juden in Rom und den übrigen Städten des Kirchenstaates durchaus abgesondert von den Christen in einem Viertel oder einer Straße mit nur einem Eingang und einem Ausgang wohnen sollten.«[82]

Paul IV. scheint selbst in seinem Äußeren den Darstellungen des hl. Petrus nicht unähnlich gewesen zu sein. »Sein mächtiger Kopf wies nur mehr spärlichen Haarwuchs auf; sein von einem starken Bart umrahmtes Gesicht war nicht schön, aber von ausdrucksvollem Ernst; um den feinen Mund lag ein Zug stahlharter Willenskraft; aus den tiefliegenden, schwarzen Augen leuchtete wie Feuer und Blitz die innere Glut des Süditalieners hervor.«[83]

Pius V. gab dem Papst »mit dem feurigen Petrusglauben« 1566 eine würdige Grabstätte in S. Maria sopra Minerva gegenüber dem herrlichen Fresko »Triumph des hl. Thomas über die Irrlehrer«. Paul IV. ist sitzend dargestellt, in der Linken die Schüssel Petri haltend. Auf den Schrägen des Gesimses lagen einst zwei weiße Marmorstatuten, die den Glauben und die Frömmigkeit darstellten.[84]

70. *Esculapii pharmacum. Heilmittel des Aeskulap. Pius IV.* (1559-1565). Aeskulap, Sohn des Apollos und der Koronis, wurde von den Griechen als *Gott der Heilkunde* und als göttlicher Arzt verehrt. Dem Worte »Arzt« begegnen wir nun oft in der Lebensgeschichte Pius IV. Zunächst stammte Pius aus der Familie der Medici (medicus = Arzt) aus Mailand. Mehrere

79) Pastor, VI, 368. 81) Seppelt, ebd. 218-219. 83) Pastor, VI, 364.
80) Pastor, VI, 506. 82) Pastor, VI. 515. 84) Vgl. Pastor, VI, 621-622.

Mitglieder dieser Familie wirkten in Mailand als Ärzte.[85] Gian Angelo de Medici, der zukünftige Papst, studierte in Pavia zuerst Medizin und Philosophie, dann Jurisprudenz.[86] — Warum das Wort Pharmacon (Heilmittel) in seinem Namen vorkommt ist nicht ganz klar. U.E. weist es hin auf den Abschluß des Konzils von Trient, das besonders durch die Konzilsdekrete und das tridentinische Glaubensbekenntnis zu einem unvergleichlichen Heilmittel für die kranke Kirche wurde.»Ganz besonders lag Pius IV. die Wiedereröffnung des Konzils am Herzen; er erkannte darin *das einzige Mittel*, den Schäden der Kirche abzuhelfen . . . Es begann mit der siebzehnten und schloß mit der fünfundzwanzigsten Sitzung den 4. Dezember 1563 . . . So war Pius IV. ausersehen, *das größte und wohltätigste religiöse Werk* der neueren Zeit zu vollenden.«[87] Nach Freiherr v. Pastor wird man die Bedeutung des Trienter Konzils für die Erneuerung der kranken Kirche kaum hoch genug anschlagen können.»Es schuf das Fundament für eine wirkliche Reform . . . und begründete eine neue Epoche in der Geschichte der katholischen Kirche.«[88]

71. *Angelus nemorosus. Wald-Engel. Hl. Pius V.* — (1566-1572).»Antonio Ghislieri war geboren am 17. Januar 1504 zu Bosco (ital. = Wald, lat. nemus) bei Alessandria im Herzogtum Savoyen . . . Die Familie soll an dem genannten Ort bereits 1366 ansässig gewesen sein . . . In Bosco ist noch das bescheidene Häuschen erhalten, in welchem der zukünftige Papst das Licht der Welt erblickte. Das Ideal Antonios war von frühester Jugend an, sich ganz Gott zu weihen.«[89] Bereits mit 14 Jahren trat er in das Dominikanerkloster zu Voghera ein, wo er den Namen Michele (Engel!) erhielt. 1528 zum Priester geweiht, wurde er Lektor der Theologie in Pavia.»Die geringste Ordensregel war ihm heilig. Nie reiste er anders als zu Fuß mit dem Knappsack auf dem Rücken. Durch strengste Beobachtung der Armut, unermüdliche Tätigkeit, makellose Reinheit der Sitten gab er seinen Ordensbrüdern ein ebenso leuchtendes Beispiel wie durch seine große Demut.«[90] Fra Michele di Alessandria, wie man ihn nannte, war wirklich ein Engel in Menschengestalt. Immer blieb er der demütige Beter und Büßer, selbst als er 1556 Bischof von Sutri, 1557 Kardinal und 1558 Großinquisitor wurde.»Der Gesamteindruck des Asketen, der, wie ein Gesandter schrieb, nur Haut und Knochen hatte, war ehrfurchtgebietend. Jeder fühlte, daß er einer von unerschütterlicher Festigkeit und feierlichem Ernst durchdrungenen Persönlichkeit gegenüberstand, die, von allem Irdischen losgelöst, ganz dem Geistigen zugekehrt war. Von der Verantwortlichkeit seiner Stellung war Pius V. so durchdrungen, daß er sie als ein Hindernis für sein ewiges Heil betrachtete . . . Er bat

85) Pastor, VII, 58.
86) Pastor, VII, 59.
87) Dr. V. Gröne, Die Papst-Geschichte. Regensburg, Manz, 1866. II. Bd. S. 358.
88) Pastor, VII, 287.
89) Pastor, VIII, 35.
90) Pastor, VIII, 36.

deshalb öffentlich und privatim, man möge für ihn recht viel beten, während er zugleich die gewohnten Übungen der Andacht und Abtötung verdoppelte. . . . Sein höchstes Glück fand der Papst im Gebet, dessen Inbrunst ihm oft Tränen entlockte. Jedesmal, ehe er eine wichtige Entscheidung traf, betete er in besonderer Weise. Sobald die Amtsgeschäfte erledigt waren, widmete er sich geistlichen Übungen. Während der Heiligen Woche zog er sich vollständig zurück, um sich ausschließlich der Betrachtung des Leidens Christi zu widmen . . . Mindestens zweimal im Jahre, meist im Frühling zur Zeit des Karnevals, wo eine Sühne für ausgelassene Lustbarkeiten besonders nötig erschien, und im Herbst, unternahm der Papst die weite und beschwerliche Wallfahrt zu den sieben Hauptkirchen Roms . . . Bei der Prozession hatten die früheren Päpste einen Tragsessel benützt und sich mit einer kostbaren Tiara geschmückt; er ging zu Fuß und trug unbedeckten Hauptes mit größter Ehrfurcht den eucharistischen Heiland. Immer die Augen auf das Allerheiligste gerichtet und beständig betend, machte er trotz der großen Hitze die ganze Prozession mit . . . Pius V. war kein Diplomat und wollte es nicht sein . . . Selten ist bei einem Papst der Herrscher so völlig vor dem Priester zurückgetreten . . . Ihm lag nur eines am Herzen: Das Heil der Seelen.«[91] Pius V. war wirklich für die Kirche ein A n g e l u s ; wörtlich übersetzt: ein »G e s a n d t e r« des Allerhöchsten für die Erneuerung der gesamten Kirche. »Den Pfarrern gab er in seinem Catechismus Romanus eine vorzügliche Anleitung zur Verkündigung des Glaubens an die Hand. Brevier und Meßbuch erschienen in verbesserter Ausgabe. Und seine Reform, mit der er bei sich und seinem Hofe begann, umfaßte die ganze katholische Welt.«[92] Öfters hatte Pius V. auch himmlische Erleuchtungen, so z.B. schaute er in einer Vision den Sieg der christlichen Flotte bei Lepanto (7. Oktober 1571), den wohl nicht zuletzt seine Gebete und sein Fasten erwirkt hatte.[93] Bei seiner letzten Krankheit sah er seiner Auflösung mit heiterem Antlitz entgegen. Man hörte ihn oft beten: »Herr vermehre meine Schmerzen, aber vermehre auch meine Geduld.«[94] So starb der *engelhafte Papst* am 1. Mai 1572. — Klemens XI. sprach ihn 1712 heilig. Sein Fest begeht die Kirche am 5. Mai.

72. *Medium corpus pilarum. Mittelmäßiges Werk der Pfeiler. Gregor XIII.* (1572-1585). Prof. Franz Spirago übersetzt das lateinische Merkwort dieses Papstes mit »Der halbe Leib der Pillen«, und deutet dies auf den *halben Drachenleib* im Wappen Gregors XIII.[95] U.E. aber weist corpus hin auf die »Sammelwerke« die Gregor XIII. herausgab oder herausgeben ließ. »Corpus« bedeutet nämlich ein »Sammelwerk«, z.B. »Corpus juris Romani«: Sammelwerk des römischen Rechts. U.a. »bemühte sich Gregor XIII. für die Herausgabe der lateinischen und griechischen Kirchenväter und für eine neue Ausgabe des Rituale Romanun . . . Der Papst ließ auch die Arbeiten für eine neue Ausgabe der Septuaginta fortsetzen . . . Ein Breve vom 1. Juli 1580

---

[91]) Pastor, VIII, 39-50. [93]) Pastor, VIII, 610. [95]) Spirago, ebd. 16.

[92]) Wittig, ebd. 153. [94]) Pastor, VIII, 614-615.

35

kündigte die Veröffentlichung einer neuen Ausgabe des ganzen *Corpus juris canonici an* . . . Zwei Jahre später erschien das angekündigte Werk, jedoch ohne den allgemeinen Titel, nur mit den besonderen Titeln der einzelnen Teile des kanonischen Rechtsbuches und der Glosse. Wenn diese römische Ausgabe auch einen bedeutend besseren Text bietet, so leidet sie doch trotz des angewandten Fleißes an vielen Mängeln.«[96] Es war eben nur ein »*Medium corpus juris*«: nur ein »*mittelmäßiges* (halbes) *Sammelwerk* des Kirchenrechts«.

Dieser *Halbheit* oder *Mittelmäßigkeit (medium!)* begegnet man leider sehr oft im Pontifikate Gregors XIII., so z.B. in seinem Verhalten zur blutigen Bartholomäusnacht (23.-24. Aug. 1572) der Katharina Medici in Frankreich, in seinem Verhalten gegen Elisabeth von England, in seinem Verhalten zu König Johann III. von Schweden, usw. »Gregor XIII. erwies sich als durchaus in den Anschauungen seiner Zeit befangen, über die er sich nicht zu erheben vermochte.«[97] — Auch hatte Gregor XIII. die Absicht, die großen Baupläne seiner Vorgänger zu verwirklichen. Vor allem hoffte er den Petersdom fertigzustellen. »Ein Bericht aus dem Juni 1584 meldet, daß der Bau der Peterskirche von allen Seiten emporsteige . . . Man hoffte, Gregor werde die Vollendung des riesigen Werkes erleben.«[98] Aber leider wurde nichts daraus. Allerdings wurden unter Gregor XIII. zahlreiche Kirchen in Rom und in anderen Städten errichtet, worauf das Wort »pilarum« = »Säulen« in seinem Merkwort gewiß eine Anspielung ist. Jedoch hat er seine Pläne nicht vollenden können; sein Unternehmen blieb eben ein »*medium corpus pilarum*«: ein »halbes Werk von Pfeilern«.

73. *Axis in medietate signi. Axe in der Mitte des Zeichens. Sixtus V.* (1585-1590). — Als Deutung dieses Merkwortes sagt Spirago, Felix Peretti hatte im Wappen eine Axe, die schräg über einen Löwen verlief.[99] Unserer Ansicht entsprechend bedeutet dieses Wort jedoch weit mehr. »Axis« kann übersetzt werden mit Axe, Pol oder Himmelskuppel.[100] Es liegt also nahe, hier einen Hinweis zu finden auf *die Errichtung des Obelisken* aus dem Zirkus des Nero *in der Mitte* des Petersplatzes, sowie auf die Vollendung der gigantischen Kuppel von St. Peter nach den Plänen Michelangelos. Wie eine *Himmelskuppel (axis)* erhebt sich dieses gewaltigste Werk der Papststadt *über der Mitte (in medietate)* des Petersdoms, dieses unvergleichlichen Wahrzeichens (signi) der katholischen Kirche.[101]

[96]) Pastor, IX, 203-204.
[97]) Seppelt, ebd. 227.
[98]) Pastor, IX, 795.
[99]) Spirago, ebd. 16.
[100]) Vgl. Dr. Friedrich Heinichen, Lat.-deutsch. Schulwörterbuch. Leipzig, Teubner, 1903, S. 100.
[101]) Vgl. hierzu Pastor, X, 453-499.

74. *De rore coeli. Vom Tau des Himmels. Urban II.* (1590). — Giambattista Castagna hatte 1553 von Julius III. das Erzbistum Rossano (de r o r e !) in Kalabrien erhalten.[102] »In Rom, wo das Volk anfangs mit dem Ausgang des Konklaves nicht zufrieden gewesen war, gelang es dem neuen Papst in kurzer Zeit die Herzen aller zu gewinnen. Die Milde und Güte seines Wesens wie die Würde seines Auftretens machten auf jeden, der ihn sah, tiefen Eindruck.«[103] Seine Mildtätigkeit war wie der Tau des Himmels. »Die erste Sorge Urbans VII. galt den Armen Roms. Aus eigenen Mitteln spendete er gleich nach seiner Wahl reichlich für alle Bedürftigen im Borgo . . . Bei Eröffnung des Testamentes fand man, daß Urban VII. sein gesamtes väterliches Vermögen, der Bruderschaft der Annunziata zur Aussteuer bedürftiger Mädchen vermacht hatte . . . Wenngleich der Papst nur dreizehn Tage, und davon nur den ersten als Gesunder, den Stuhl Petri innegehabt, bleibt sein Andenken in Segen.«[104] Prof. Spirago bemerkt hierzu, daß das Pontifikat Urbans VII. auch hierin dem Tau ähnlich sei, da ja der Tau wohltuend aber nur von kurzer Dauer sei.[105]

75. *Ex antiquitate urbis. Von den guten alten Sitten Roms. Gregor XIV.* (1590-1591). — Daniel[106] glaubt Gregor XIV. trage dieses Merkwort ex antiquitate urbis, das Daniel übersetzt »aus dem Altertum der Stadt«, weil er einer alten Adelsfamilie von Mailand entstamme und sein Vater und er selbst Senator (= Ältester) gewesen sei; auch habe sich dieser Papst für Altertümer sehr interessiert. U.E. genügt diese Erklärung nicht. Urbis bedeutet im alten Sprachgebrauch nur R o m ; ex antiquitate kann heißen »aus dem Altertum«, aber auch *»gute alte Sitte«*[107]. Dieser Sinn trifft nun ausgezeichnet zu für den heiligmäßigen Papst Gregor XIV. Er war wirklich *ein Papst von guter alter Sitte wie die Päpste der christlichen Urzeit Roms.* »Die Quellenberichte heben unter den Tugenden des Papstes vor allem seine engelgleiche Reinheit hervor . . . Ungeachtet beständiger Schwäche und Kränklichkeit fastete Sfondrato jeden Freitag und enthielt sich auch jeden Mittwoch des Fleischgenusses. Er begann sein Tagewerk mit dem Gebet der sieben Bußpsalmen und einer einstündigen geistlichen Betrachtung. Das Brevier und das Officium Mariae, die einfeinhalb Stunden beanspruchen, betete er stets kniend . . . Seit seiner Priesterweihe hatte es sich Sfondrato zur Regel gemacht, täglich zu beichten und täglich das heilige Opfer darzubringen, wenn nicht Krankheit ihn daran hinderte. In diesem Falle ließ er sich durch einen Priester die hl. Kommunion reichen. . . Obwohl von Schmerzen gepeinigt, lag auf seinem Antlitz stets ein bescheidenes Lächeln.«[108] Leider regierte Gregor XIV. nur 10 Monate und 10 Tage.

---

[102] Pastor, X, 511.

[103] Pastor, X, 514.

[104] Pastor, X, 515. 517. 518.

[105] Spirago, ebd. 16.

[106] Daniel, ebd. 250.

[107] Heinichen, ebd. 64.

[108] Pastor, X, 532.

76. *Pia civitas in bello. Die gottgeweihte Stadt im Kampfe. Innozenz IX.*
(1591). Er regierte nur zwei Monate. Das prophetische Merkwort bezieht sich deshalb auch nicht u.E. auf seine Person sondern auf die damalige Situation der Kirche, denn diese ist zweifelsohne mit der gottgeweihten Stadt gemeint. Um diese Zeit nämlich tobte der geistige Kampf in fast allen Ländern Europas, besonders in den nördlichen Ländern zwischen Kirche und Protestantismus. Es war eine Auseinandersetzung wie Europa sie nicht mehr seit den Wirren des Arianismus gekannt hatte.

77. *Crux Romulea. Römisches Kreuz. Klemens VIII.* (1592-1605). — Klemens VIII. entstammte dem florentinschen Geschlecht der Aldobrandini, das im Wappen auf blauem Feld einen goldenen Balken mit drei Querbalken nach Art eines Papstkreuzes führte. Auffallend ist auch, daß dieser tieffromme Papst eine große Verehrung fürs hl. Kreuz hatte. »Täglich, auch auf Reisen, las er, nachdem er vor einem Kruzifix kniend sein Morgengebet und die Matutin verrichtet hatte, mit größter Andacht die hl. Messe . . . Stets ruhten in der Karwoche alle Geschäfte, weil der Papst sich während dieser hl. Zeit nur mit geistlichen Übungen beschäftigen wollte.«[109] Sehr wahrscheinlich ist dieses Wort *»Römisches Kreuz«* aber auch ein Hinweis auf den *Sieg der römischen katholischen Kirche in vielen Ländern* unter dem Pontifikate Klemens' VIII. Durch die Heinrich IV. von Frankreich gewährte Absolution löste der Papst die äußerst schwierige französische Frage und bahnte eine katholische Erneuerung in Frankreich an. »Die religiöse Begeisterung und Umwandlung erfaßte hier immer weitere Kreise. Neue Orden entstanden . . . Auch in Deutschland, in der Schweiz, in den spanischen Niederlanden, vor allem aber in Polen erlebte Klemens VIII. wichtige Fortschritte der katholischen Restauration.«[110] Auch versuchte der Papst die europäischen Staaten wieder zu einem Kreuzzug zu bewegen. Allerdings vergebens. »Schließlich hat der Papst selbst eine kleine Armee aufgestellt und unter Führung eines Verwandten nach Ungarn geschickt.«[111]

78. *Undosus Vir. Wellenreicher Mann. Leo XI.* (1605) Das Merkwort dieses Papstes bezieht sich sowohl auf sein bewegtes Leben, wie auch auf seine Wahl und seinen Tod. Alessandro de' Medici, geb. 1535 zu Florenz, schlug zuerst eine weltliche Laufbahn ein, wurde dann Priester, wirkte in der Stille auf dem Lande, wurde 1569 Gesandter in Rom, 1573 Bischof von Pistoia, Ende 1573 Erzbischof von Florenz, 1583 wurde er Mitglied des Heiligen Kollegiums, 1596 wurde ihm die wichtige Legation in Frankreich anvertraut, 1598 kehrte er nach Rom zurück und 1605 wurde er zum Papst gewählt.[112] Diese Papstwahl war sehr bewegt gewesen. Mehrere Parteien standen sich schroff gegenüber. Politische Eingriffe Frankreichs und Spaniens verstärkten die Spannungen. Aber »nicht nur die Spaltung der Kardinäle ließ ein langes Konklave vermuten, sondern auch die große Zahl der papabili. Eine gleichzeitige Relation nennt nicht weniger als 21 Namen.«[113]

---

[109] Pastor, XI, 23-24.   [111] Seppelt, ebd. 238.   [113] Pastor, XII, 6 ff.
[110] Pastor, XI, 4-5.   [112] Pastor, XII, 16-18.

Am 1. April ging Medici als Papst aus der bewegten Wahl hervor; am 10. April fand die Krönung statt, am 17. die Besitznahme des Laterans. Bei dieser Feierlichkeit war Leo XI. wie im Schweiß gebadet und zog sich eine Erkältung zu, die bereits am 27. April seinen Tod herheiführte.[114] Das Pontifikat Leos XI. war nur *wie eine Welle* in der wildwogenden Zeit der Reformation gewesen.

79. *Gens perversa. Falsches Geschlecht. Paul V.* — (1605-1621). — Das Wort »gens« darf zunächst als eine Anspielung auf den Familiennamen des Papstes Borghese = Bürger gedeutet werden; denn gens bezeichnete bei den Römern zunächst einen Verein bürgerlicher Familien, die durch dieselbe Herkunft verbunden waren. Das Merkwort weist aber besonders hin auf das große Ereignis, das das ganze Pontifikat Pauls V. überschattete: auf *den Konflikt mit Venedig.* Nicht mit Unrecht wird Venedig von der Malachiasweissagung »Falsches Geschlecht« genannt. Freiherr v. Pastor schreibt hierüber: »Venedig war stets ein Ort, an dem sich Okzident und Orient berührten. . . . An das Morgenland erinnert die venezianische Rechtspflege mit ihren Willkürentscheidungen und ihren geheimen Verurteilungen und Hinrichtungen; einen morgenländischen Zug trägt die ganze Verfassung, die mißtrauisch das Regierungsorgan durch das andere niederhält und selbst den Dogen dem Henkerbeil zu überliefern gestattet . . . Venedig war die Stätte üppigen, leichtfertigen Wohllebens, das Stelldichein der vergnügungssüchtigen, ausschweifenden Freudenwelt . . . Die Republik hielt etwas auf den Ruf der Rechtgläubigkeit . . . Allein wenigstens in den höheren Ständen herrschte viel religiöse Gleichgültigkeit, die noch gefördert wurde durch den steten Handelsverkehr mit Griechen und Mohammedanern . . . Freigeister wie Aretino und Giordano Bruno suchten gerade in Venedig einen Zufluchtsort, und nirgends in Italien fand der Protestantismus soviel Anklang wie gerade dort. . . . »Zuerst sind wir Venezianer, dann Christen«, war Grundsatz der Staatslenker . . . Ebensowenig wie Feldherrn und Staatsmänner durfte in Venedig die Kirche ein Ansehen erlangen, das den Gewalthabern hinderlich werden konnte. Die Signorie begünstigte deshalb geradezu den traurigen sittlichen Verfall in den Reihen der Priester und schützte Klerus und Klöster sorgfältig gegen den Papst und die Bischöfe . . . Dazu war die Kirche behindert u.a. durch die Überwachung der Klöster und Kirchen, die Gleichstellung der Priester mit den Laien vor Gericht, das Ernennungsrecht der Signorie für das Patriarchen- und Bischofsamt und die Ausschließung der Geistlichen von öffentlichen Ämtern.«[115] — Als es zum öffentlichen Konflikt kam, verhängte Paul V. die Exkommunikation über den Dogen und den Senat und das Interdikt über das ganze venezianische Gebiet. Allein die Republik erklärte diese Sentenz für ungültig und die Geistlichkeit gehorchte ihr mehr als dem Papste. Nur die Jesuiten, Kapuziner und Theatiner achteten das Interdikt, und wurden deshalb aus dem Gebiet von Venedig ausgewiesen und ihre Güter

---

[114] Pastor, XII, 21 und Spirago, ebd. 17.   [115] Pastor, XII, 82-84.

eingezogen. Zum Schluß mußte Paul V. wenigstens teilweise nachgeben. »Es hatte sich gezeigt, daß das Vorgehen mit scharfen, geistlichen Strafen gegen einen modernen Staat nicht zum erwarteten Ziel führt. So war denn auch dieses Interdikt über Venedig das letzte, das päpstlicherseits über ein ganzes Staatswesen verhängt wurde.«[116]

Noch eine andere »gens perversa« erhob sich gegen das Papsttum, nämlich der Zusammenschluß der neugläubigen Reichsstände in der Union (1608) unter der Führung des kalvinischen Kurfürsten Friedrich V. von der Pfalz. 1618 begann der Dreißigjährige Krieg.

80. *In tribulatione pacis. In der Störung des Friedens. Gregor XV.* (1621-1623). Das Pontifikat Gregors fällt in die erste Periode des Dreißigjährigen Krieges. Tilly schlägt die protestantische Union bei Wimpfen (6. Mai 1622) und Höchst (20. Juni 1622) und erobert die Pfalz. Der Dreißigjährige Krieg war vielleicht der schicksalsschwerste für Westeuropa, hatte er doch in manchen Gegenden eine Verminderung der Bevölkerung bis auf ein Drittel zur Folge, dazu die Vernichtung des Wohlstandes, Verödung und Verwilderung des Volkes. Wirklich eine: Tribulatio = eine Drangsal und Trübsal.

Auffallend ist, daß Gregor XV. schon als Kardinal Alessandro Ludovisi als Friedensstifter bekannt ist. »Im Hinblick auf seine ausgedehnten juristischen Kenntnisse ernannte ihn Gregor XIV. zum Mitglied der Kommission, die über den Heimfall von Ferrara beraten sollte . . . Als Referendar der Segnatura erhielt er die schwierigsten Fälle zur Bearbeitung; seine Geschicklichkeit in deren Lösung wurde bald sprichwörtlich.« So schlichtete er einen Streit bei der Neubesetzung des Erzbistums Toledo (1595), — versöhnte wieder die Botschafter Spaniens und Frankreichs, »wodurch er Klemens VIII. von nicht geringer Sorge befreite«, — schlichtete den Zwist, »der wegen Benevent zwischen dem Papst und dem Vizekönig von Neapel entstanden war . . . Noch wichtiger war die Tätigkeit, die Ludovisi als Vermittler und Friedensstifter im August 1604 bei Ausbruch der farnesischen Unruhen entfaltete.«[117] Als Papst »gelang es Gregor XV., den Ausbruch eines Krieges zwischen Frankreich und Spanien zu verhindern.«[118] So galt Gregor XV. schon bei Lebzeiten als Friedensstifter »in tribulatione pacis«.

81. *Lilium et rosa. Lilie und Rose. Urban VIII.* (1623 bis 1644). — Das Merkwort ist eine Anspielung auf ein folgenschweres Ereignis unter dem Pontifikate Urbans VIII. Die Lilie ist das Sinnbild Frankreichs, die Rose das Sinnbild Englands. Die Vermählung Karl I. von England mit der französischen Prinzessin Henriette-Marie (1625) verfehlte nicht ihre Wirkung auf den weiteren Verlauf des Dreißigjährigen Krieges.[119] Auch dürfte die Papstbezeichnung Lilie und Rose eine Andeutung sein auf das Aufblühen der religiösen Orden (Vinzenz von Paul) unter der Regierungszeit Urbans VIII.[120]

---

[116]) Seppelt, ebd. 241.   [118]) Pastor, XIII, 15.

[117]) Pastor, XIII, 37-38.   [119]) Pastor, XIII, 793 ff.

[120]) Jos. Maître, La Prophétie des Papes attribuée à S. Malachie. Etude critique. Beaune, Librairie Loireau, 1901. S. 254.

82. *Jucunditas crucis. Wonne des Kreuzes. Innozenz X. (1644-1655).* —
Johannes-Baptist Pamfili wurde *am Feste Kreuzerhöhung* (14. Sept. 1644)
zum Papst gewählt. Diese Wahl kam unerhofft, da man wegen politischer
Zwischenspiele die Wahl hinausschieben wollte. Besonders war Frankreich
gegen Pamfili eingestellt. Der französische Gesandte hatte sich mit Paris in
Verbindung gesetzt. »Mazarin antwortete durch ein Schreiben vom 19. September, in dem er sich auf das bestimmteste gegen die Kandidatur Pamfilis
erklärte. Allein Mazarins Einspruch kam zu spät; bevor er seine Antwort
abfaßte, hatte bereits am 14. September (Kreuzerhöhung: »Wonne des
Kreuzes«!) Pamfilis Wahl stattgefunden.«[121] Vielleicht zur Erinnerung an
dieses Ereignis wurden unter dem Pontifikate Innozenz X. zwei verschiedene
Medaillen, auf denen die Verherrlichung des hl. Kreuzes dargestellt ist,
geprägt.[122]

Die wichtigste Tat Innozenz X. war die Verurteilung des Jansenismus.
Diese Irrlehre behauptete, Christus sei nur für die Vorherbestimmten am
Kreuze gestorben. Durch ihren Rigorismus und ihre mißverstandene Gottes-
»Furcht« hatten die Jansenisten der christlichen Lehre ihre »Lieblichkeit und
Wonne« (Jucunditas) geraubt. Papst Innozenz rettete durch seine Verurtei-
lung die »Jucunditas crucis«, die christliche Freude am Kreuz unseres Herrn.

83. *Montium custos. Hüter der Berge. Alexander VII. (1655-1667).* — Die
Papstbezeichnung »Hüter der Berge« weist zunächst hin auf die Vaterstadt
des neuen Papstes: Siena, die sich überaus malerisch *auf drei Hügeln* über
den Tälern der Elsa und Arbia erhebt und *im Wappen einen Berg* führt.
Außerdem wies *das Familienwappen* Alexanders VII. *sechs Berge* auf. Frei-
herr v. Pastor schreibt hierzu: »Großer Jubel über die Wahl des Kardinals
Chigi herrschte besonders in Siena, wo die Familie Chigi schon seit dem 12.
Jahrhundert Ansehen genoß. Ihr Wappen zeigt sechs von einem Stern (custos montium!) überragte Hügel, wozu noch der Eichenbaum (= Sinnbild
der Treue und der Kraft: custos!) kam, als Julius II. den Bankier Agostino
Chigi und dessen Bruder Sigismondo nach ihrer Übersiedlung in die ewige
Stadt in seine Familie aufnahm.«[123]

Alexander VII. war aber auch als Papst in jeder Hinsicht ein Hüter der
Siebenhügelstadt — Rom, vor allem zur Zeit der Hungersnot und der Pest.
»Wie sehr dem Papst das Wohl seiner Untertanen am Herzen lag, hatte er
gleich zu Beginn seiner Regierung gezeigt, als Mißernte und Teurung den
Kirchenstaat heimsuchten. Um den Armen billiges Brot zu schaffen, spende-
te er trotz der Finanznot sofort 300.000 Scudi . . . und eifrigst war er bemüht,
Rom mit Getreide zu versehen . . . Über alles Lob erhaben war die Haltung
Alexanders VII., als im Mai 1656 die orientalische Beulenpest, welche in
Neapel die furchtbarsten Verheerungen anrichtete, trotz aller Vorsichtsmaß-

---

121) Pastor, XIV, 1. Teil. 20-21.
122) Bonani, Numismata Pontificum Romanorum. II. Bd. S. 617.
123) Pastor, XIV. 1. Teil 309.

regeln auch in Rom eindrang. Der Papst befand sich in seiner Sommerresidenz in Castel Gandolfo, als die erste Kunde von der Gefahr, welche die Ewige Stadt bedrohte, eintraf. Er kehrte sofort nach Rom zurück, um, von seinem Bruder Mario eifrig unterstützt, alle *Maßregeln zum Schutz der Hauptstadt* und des Kirchenstaates *zu überwachen.* Eine eigene Sanitätskongregation, an deren Spitze Sacchetti stand, wurde eingesetzt, ihr gehörte auch der päpstliche Leibarzt und der Bruder des Papstes an . . . *Besondere Kommissäre sollten das Eindringen der Seuche aus dem Neapolitanischen abwehren,* zugleich aber dafür sorgen, daß dadurch kein Mangel an Lebensmitteln eintrete. Nur acht Tore der Stadt blieben offen, *die streng bewacht wurden* (Hüter der Berge!). Eigene Deputierte für alle vierzehn Stadtbezirke hatten den Gesundheitszustand zu überwachen . . . Trastevere ward eine Zeitlang von der übrigen Stadt völlig abgesperrt. Um die Erkrankten von den Gesunden zu scheiden, wurde auf der Insel S. Bartolomeo ein Pesthospiz eingerichtet. Als Quarantäne für jene, die als gesund aus dem Hospiz entlassen waren, diente ein Lazarett bei S. Pancrazio . . . Die Opfer der Pest wurden bei S. Paolo fuori le Mura beerdigt. Dabei mußten die größten Vorsichtsmaßregeln beobachtet werden, ebenso bei den gottesdienstlichen Übungen, die zur Abwendung des göttlichen Zornes angeordnet waren. Der Papst selbst zeigte großen Mut; nach wie vor erteilte er die gewöhnlichen Audienzen und ließ sich wiederholt in den Straßen sehen, im Tragsessel wie zu Fuß . . . Noch reichlicher als sonst ließ er Almosen spenden . . . Die mit größter Umsicht getroffenen Maßregeln hatten zur Folge, daß die Pest nicht jene Ausdehnung annahm wie in Neapel . . . Ruhe und Verkehr in der Stadt wurden während dieser schweren Zeit niemals gestört, auch trat kein Mangel an Lebensmitteln ein.«[124]

Wie Alexander VII. ein »Hüter der Siebenhügelstadt« zur Zeit der Pest gewesen war, so war er auch ein *»Hüter der Siebenhügelstadt« betreffs Kirchen und öffentlichen Gebäuden.* Unter seinem Pontifikate erhielt der Petersplatz seine herrliche Umrahmung durch die Kolonnaden des Bernini. Alexander ließ hier die Inschrift anbringen: »Kommet, laßt uns zum Berge des Herrn hinansteigen und in seinem hl. Tempel anbeten.« — »Sehr oft begegnet man in Rom dem Wappen des Chigi-Papstes (mit den sechs Bergen!) . . . Der neuen Paläste und Kirchen wurden allmählich so viele, daß man allgemein das Rom der Barockzeit als das »neue«, als das »moderne« Rom zu bezeichnen begann. Alexander VII. hatte sich ein hölzernes Modell seiner Residenzstadt herstellen lassen, an dem er sich Rechenschaft geben konnte, was zur Verschönerung der Weltstadt noch zu geschehen habe . . . Die unvergleichliche Reihe von Mäzenaten der Kunst erreichte in Alexander VII. einen Höhepunkt, der eine Art von Abschluß bedeutet.«[125]

Nicht zuletzt war Alexander VII. auch ein strenger Hüter der Sittlichkeit und kirchlichen Disziplin. Er selbst ging mit bestem Beispiel voran. »Einer seiner Hauptgrundsätze war: viel tun, aber wenig sprechen . . . Kaum ge-

---

[124] Pastor, XIV, 1. Teil. 323-326.   [125] Pastor, XIV, 1. Teil. 523-524.

wählt, ließ er sich einen Sarg anfertigen und in sein Schlafgemach stellen, um beim Erwachen an die Nichtigkeit irdischer Dinge erinnert zu werden. Ein Totenkopf von Bernini auf seinem Schreibtisch diente dem gleichen Zweck.«[126]

84. *Sidus olorum. Stern* (oder *Zierde*) *der Schwäne. Klemens IX.* (1667-1669). — Der Schwan galt im Altertum als der Vogel Apollos. Deshalb wurden die Dichter oft mit diesem Namen bezeichnet, so z.B. der Schwan von Theben = Pindar, der Schwan von Mantua = Virgil, in neuerer Zeit auch der Schwan vom Avon = Shakespeare. Daher auch der Ausdruck »*Schwanengesang*« = letztes Lied eines Dichters. Diese Bezeichnung »Stern der Schwäne« = »*Stern der Dichter*« paßt nun wunderbar auf Klemens IX. Schon Urban VIII. und seine Nepoten schätzten den damaligen Professor Rospigliosi, wegen seiner hervorragenden dichterischen Begabung. »*Seine hohe Auffassung von der Poesie* hatte Rospigliosi in einer Abhandlung zu Bracciolinis Poem über die Wahl Urbans VIII. dargelegt. 1629 verherrlichte er die Hochzeit des Taddeo Barberini mit Anna Colonna durch Gedichte. Auch zum Lob der von Milton verehrten berühmten Sängerin Leonara Baroni verfaßte er ein Sonett. Zur Einweihung des Theaters der Barberini im Jahre 1634 schrieb er sein erstes Melodrama Sant' Alessio, das Stefano Landi in Musik setzte. Die Kunst der durch Bernini besorgten Inszenierung und die schöne Musik gestalteten die Aufführung dieser rührenden Legende zu einem Ereignis im römischen Kunstleben. Großen Erfolg hatten auch die weiteren Dramen mit Musik, die Rospigliosi verfaßte: Santa Teodora, San Bonifazio, Chi soffre speri, Sant' Eustachio . . . Als Nuntius in Madrid verfaßte er das Drama La comica del cielo, das wiederholt aufgeführt wurde und großen Beifall fand.«[127] Durchweg nahm Rospigliosi spanische Vorbilder für seine Werke, die im allgemeinen ein hohes Lied auf Glaube und Tugend waren. »Man rühmte deshalb den guten moralischen Einfluß Rospigliosis (des späteren Klemens IX.) auf das Theater zu Rom.«

Außerdem war es merkwürdig, daß Klemens IX. gewählt wurde, nachdem er im Konklave das sogenannte *Schwanenzimmer,* an deren Decke Schwäne gemalt waren, bewohnt hatte.[128] Auch dürfte darauf hingewiesen werden, daß Klemens IX. geboren war zu Pistoia, das am Flusse Stella (= Stern) liegt.[129]

Erwähnenswert ist auch, daß Klemens IX. der Kirche mehrere neue Heilige geschenkt hat, die gleich leuchtenden Sternen am Firmament der Kirche glänzen. (»Sidus« heißt ja sowohl »Sterngruppe«, als »hell leuchtender Stern«, als auch »Zierde und Schmuck«.) »Am 15. April 1668 wurde in der reichgeschmückten Peterskirche die Seligsprechung der Rosa von Lima († 1617) vorgenommen . . . Am 28. April 1669 erfolgte die Heiligsprechung des Petrus von Alcantara und der Maria Maddalena de' Pazzi . . . Für die Feier war die Peterskirche nicht bloß mit den Bildern der neuen Heiligen und *mit*

---

[126]) Pastor, XIV, 1. Teil. 313.   [128]) Spirago, ebd. 18.
[127]) Pastor, XIV, 1. Teil. 531-532.   [129]) Daniel, ebd. 255.

Tausenden von Lichtern, sondern auch mit den Teppichen von Raffael geschmückt . . . Ebenfalls gestattete Klemens IX. für Rom und den Kirchenstaat das Offizium und die Messe zu Ehren der Unbefleckten Empfängnis Mariens.«[130]

Ein sehr harter Schlag für den fast siebzigjährigen Papst war die Einnahme der von christlichen Truppen verteidigten Hauptstadt von Kreta Candia (übersetzt: die »Schneeweiße«, bzw. die »Schwanenweiße«) durch die Türken am 6. Sept. 1669. Kaum drei Monate später hauchte Klemens IX. »seine edle Seele aus. Allgemein urteilt man, daß der Schmerz über den Fall Candias ihn vorzeitig ins Grab gebracht habe.«[131]

85. *De flumine magno. Vom großen Fluß. Klemens X.* (1670-1676). — Emilio Altieri entstammte einer alten Patrizierfamilie Roms. Seinen Vater Lorenzo Altieri »hatte Urban VIII. mit der Sicherung Ravennas *gegen Überschwemmungen* betraut, welche Aufgabe er durch Errichtung großer Schutzbauten mit Erfolg ausführte.«[132] Auch wird berichtet, daß »die Wohnung der Eltern des späteren Papstes in der Nähe des Tiberstroms lag, der 1590, im Geburtsjahr des Emilio Altieri über die Ufer trat, alles überschwemmte und das kleine Kind Emilio samt der Wiege fortriß. Das Kind wurde durch die Amme gerettet.«[133]

86. *Bellua insatiabilis. Unersättliche Bestie. Innozenz XI.* (1676-1689). — Kardinal Benedetto Odescalchi führte in seinem Wappen zwei gefräßige Bestien: einen Adler und einen Löwen. Vor allem aber weist das Papstwort hin auf die unersättliche Bestie der *türkischen Macht,* die unter dem Pontifikate Innozenz' XI. ganz Europa bedrohte. Schon »wenige Wochen nach der Wahl Innozenz XI., am 30. Okt. 1676 starb der türkische Großwesir Ahmed Kaprülü. An seine Stelle trat der Mann, der an der Pforte schon seit vielen Jahren die Seele der wiedererwachten *Angriffslust auf das christliche Abendland* war: der damals etwa 50jährige *Kara Mustafa* . . . Im Abendland erzählte man sich schreckenerregende Dinge von den Absichten des Allgewaltigen; er wolle Preßburg, Wien und Prag erobern, dann quer durch Deutschland ziehen und an den Ufern des Rheins sich mit Ludwig XIV. messen; nach dessen Besiegung werde er nach Rom eilen, um aus St. Peter die Pferdeställe des Sultans zu machen. Mag dabei die Türkenangst die Gerüchte aus dem Osten stark vergrößert haben, sicherlich hatte es der ehrgeizige Mann auf die habsburgischen Besitzungen und wahrscheinlich auch auf Italien abgesehen.«[134] Dem Papst war es zu verdanken, daß endlich im Jahre 1683 Polen und Österreich gegen die »unersättliche Bestie« aus dem Osten ein Bündnis schlossen. Aber »an dem gleichen Tag, da das lang erstrebte Bündnis des Kaisers mit Polen zustande kam, setzte sich das türkische Heer von Adrianopel gegen Belgrad in Bewegung, an der Spitze die Janitscharen, dann der Sultan Mohamed IV. mit dem Großwesir Kara Mustafa, dem eigentlichen Urheber des Eroberungszuges. Rauschende Musik begleitete die Truppen . . .

---

[130]) Pastor, XIV, 1. Teil. 544. [132]) Pastor, XIV, 1. Teil 617. [134]) Pastor, XIV, 2. Teil. 694-695.
[131]) Pastor, XIV, 1. Teil. 609. [133]) Spirago, ebd. 19.

Anfang Mai gelangte man nach Belgrad, wo Rast gemacht wurde, um die Truppenzuzüge aus Asien, aus der Moldau und Walachei abzuwarten. Der Sultan, den sein ganzer Harem begleitete, blieb in Belgrad, wo er Kara Mustafa als Symbol seiner Bestellung zum Oberbefehlshaber die grüne Fahne des Propheten überreichte. In Esseg wurde abermals gerastet, und dem kaiserlichen Gesandten, dem Grafen Caprara, erklärt, sein Heer habe den Frieden gebrochen durch Errichtung von Festungen auf dem Boden des Sultans, des mächtigsten der Könige auf Erden, dessen Säbel nach dem Willen Gottes seinen Schatten werfe durch die ganze Welt. *(Bellua insatiabilis!)* . . . Kara Mustafa ging am 8. Juli über die Raab, erstürmte Altenburg und Hainburg, wo die Besatzungen niedergemacht und der Getreidevorrat größtenteils verbrannt wurde. Weit und breit stiegen die Feuersäulen auf, überall wüteten Brand, Mord und Schändung . . . Am 12. Juli erschien die türkische Vorhut sengend und brennend in der Umgebung Wiens, worauf sich Starhemberg zur Opferung der Vorstädte entschloß: Ein Flammenmeer, das selbst die eigentliche Stadt gefährdete, legte sie am 13. in Asche. Am folgenden Tag vollendeten die Türken die Einschließung der alten Kaiserstadt . . . Ein Wald von 25.000 Zelten bezeichnete die Stätte des Lagers . . . So begann eine der denkwürdigsten Belagerungen aller Zeiten.«[135] Das ganze christliche Europa bebte vor dem »unersättlichen Ungeheuer« aus dem Osten. »Während Innozenz XI. alles tat, was menschliche Kraft vermochte, versäumte er nicht, die großen Angelegenheiten dem Lenker aller Geschicke anzuempfehlen. Wie er selbst, aufs höchste besorgt, Tag und Nacht Gott anflehte, so ordnete er auch öffentliche Andachten an und ließ in allen Klöstern beten . . . Er ließ ein allgemeines Jubileum ausschreiben . . . und verordnete, daß in Rom während dreier Tage das Allerheiligste ausgesetzt werde.«[136] »Wien«, schrieb Königin Christine, die konvertierte Königin von Schweden, »kann sich nicht mehr retten als nur durch ein Wunder ähnlich dem des roten Meeres. Wenn es verloren ist, wer wird dem Sieger widerstehen können?« Aber Gott erhörte das Gebet des heiligmäßigen Papstes und der Kirche und machte die »unersättliche Bestie« zunichte. »Der glänzende Sieg der vereinten deutschen und polnischen Truppenmacht am Kahlenberg (12. Sept. 1683) befreite die Kaiserstadt; er rettete aber auch Europa und die abendländische Kultur endgültig vor dem gewaltigen Anturm der Osmanen und kann daher weltgeschichtliche Bedeutung beanspruchen.«[137]

87. *Poenitentia gloriosa. Glorreiche Buße. Alexander VIII.* (1689-1691). — Kardinal Pietro Ottoboni erhielt am 6. Oktober, *am Fest des hl. Bruno, des Stifters des strengsten Bußordens,* der Karthäuser, die Stimmen aller anwesenden Kardinäle.[138] — Vielleicht ist die Bezeichnung »Glorreiche Buße« auch eine Anspielung auf den Buß-Apostel Petrus, den Namenspatron Alexanders VIII.

---

135) Pastor, XIV, 2. Teil. 787-789.   137) Seppelt, ebd. 253.
136) Pastor, XIV, 2. Teil. 794-795.   138) Pastor, XIV, 2. Teil. 1050.

88. *Rastrum in porta. Hacke im Tor. Innozenz XII. (1691-1700).* — Diese Papstbezeichnung ist sehr dunkel. Maitre sieht im Worte Rastrum eine Anspielung auf den Familiennamen des Papstes Antonio Pignatelli del Rastello.[139] Nach Pastor wurde Innozenz XII. getauft in der Pfarrkirche von Spinazzola (spina = Stachel, zola (ital.) = Erdscholle). — »Mit dem Ausdruck »in porta« kann darauf hingewiesen sein, daß der Papst an der Schwelle des neuen Jahrhunderts steht, gleich wie bei Papst Alexander VI., der im Jahre 1500 regierte, »bos albanus in portu« gesagt war.«[140]

89. *Flores circumdati. Umwundene Blumen. Klemens XI. (1700-1721).* — Kardinal Albani stammte aus der Stadt Urbino, die einen Blumenkranz im Wappen führte. U.E. aber deutet dieses Papstwort besonders hin auf die herrlichen Tugendblüten Klemens' XI.; denn in der asketischen Literatur werden die Tugenden sehr oft »Blumen der Seele« genannt. Nun war Klemens XI. gewiß ein Papst *im herrlichsten Tugendglanze.* »Alle Berichterstatter (bei der Papstwahl) heben hervor, daß er dafür ausgezeichnete Eigenschaften besaß: untadelhaften Wandel, . . . unermüdlichen Fleiß, ungemein leutseliges Wesen und eine oft seine Mittel übersteigende Freigebigkeit gegen Arme und sonstige Bedürftige . . . Der Kardinal Albani, meint ein Gesandter, kann nichts abschlagen . . . Das Privatleben des Papstes war ganz dem Gebet und der Arbeit gewidmet. Täglich las er die hl. Messe, täglich beichtete er. Schlaf und Nahrung wurden auf das unumgängliche nötige Maß beschränkt. Seine Erholung bestand in häufigem Besuch der Kirchen und Spitäler und in fleißigem Ausüben des Predigtamtes. Der Eifer, mit dem Klemens XI. sich nicht bloß den geistlichen Funktionen, sondern auch den Geschäften widmete, hätte nicht größer sein können.«[141] »Ungemein eindringlich sind die edlen Gesinnungen Klemens XI. ausgesprochen in dem schönen *Gebet um die Erlangung der christlichen Tugenden,* das ihm die katholische Welt verdankt. Es lautet:

»O mein Gott, ich glaube an dich, stärke meinen Glauben; ich hoffe auf dich, befestige meine Hoffnung; ich liebe dich, vermehre meine Liebe; es reut mich, daß ich jemals gesündigt habe, vermehre meine Reue. Ich bete dich an als meinen ersten Anfang und Ursprung; ich verlange nach dir als meinem letzten Ziel und Ende; ich danke dir als meinem ewigen Wohltäter; ich rufe dich an als meinen gnädigen Beschirmer. Mein Gott, leite mich durch deine Weisheit, regiere mich durch deine Gerechtigkeit, tröste mich durch deine Barmherzigkeit, beschütze mich durch deine Allmacht.
Ich opfere dir auf meine Gedanken, daß sie gerichtet seien auf dich, meine Worte, daß sie reden von dir, meine Werke, daß sie seien nach deinem Willen, meine Beschwerden, daß ich sie trage um deinetwillen.
Ich will, was du willst — ich will, weil du willst — ich will, wie du willst — ich will, so lange du willst.
Ich bitte dich, Herr, erleuchte meinen Verstand, entflamme meinen Willen, bewahre meinen Leib, heilige meine Seele. Laß mich vom Stolze nicht verblendet, von Schmeichelei nicht berührt, von der Welt nicht getäuscht, vom Satan nicht verführt werden. Gib mir Gnade, die Gedanken zu reinigen, die Zunge zu zügeln, die Augen zu behüten, die Sinne zu beherrschen. Laß mich die begangenen Sünden beweinen, die kommenden Versuchungen abwehren, die verkehrten Neigungen bessern, die standesmäßigen Tugenden üben.

---

[139] Maitre, ebd. 258.   [140] Spirago, ebd. 19.   [141] Pastor, XV, 9-10.

Gib mir, guter Gott — Liebe zu dir — Strenge gegen mich — Seeleneifer für den Nächsten — Geringschätzung der Welt.

Laß mich danach streben, dem Vorgesetzten zu gehorchen, den Untergebenen zu helfen, für die Freunde zu sorgen, niemanden zu beneiden. Laß mich eingedenk bleiben, Jesus, deines Befehls und deines Beispiels, daß ich die Feinde liebe, die Unbilden ertrage, den Verfolgern wohltue, für die Verleumder bete. Laß mich böse Gelüste überwinden durch Abtötung, die Habsucht durch Freigebigkeit, den Zorn durch Sanftmut, die Trägheit durch frommen Eifer. Mache mich weise in Entschließungen, standhaft in Gefahren, geduldig in Widerwärtigkeiten, demütig im Glück. Gib, Herr, daß ich im Gebete andächtig, in Speise und Trank mäßig, in den Standespflichten unermüdlich, in den Vorsätzen unerschütterlich sei.

Gib, daß ich mich bemühe, im Innern Heiligkeit — im Äußern Bescheidenheit — im Umgange Erbaulichkeit — im ganzen Leben Ordnung zu bewahren.

Laß mich darüber wachen, meine Natur zu bezähmen, mit der Gnade mitzuwirken, die Gebote zu halten, das Heil zu wirken. Mein Gott, laß mich erkennen die Nichtigkeit der irdischen Dinge, den hohen Wert des Himmels, die Kürze der Zeit, die Länge der Ewigkeit, die Bosheit der Sünde und die Größe deiner Liebe. Gib, daß ich mich auf den Tod vorbereite, dein Gericht fürchte, der Hölle entgehe und endlich den Himmel erlange durch die Verdienste unseres Herrn Jesus Christus.«

Dieses Gebet, welches alles umfaßt, was dem Menschen zur Erlangung des ewigen Heiles notwendig ist, bildet für Klemens XI. ein Denkmal, das Erz und Marmor überdauern wird.«[142] Und zugleich ist das Gebet Klemens' XI. eine wunderbare Illustration seines Merkwortes »Flores circumdati«.

90. *De bona religione. Von der guten Religion. Innozenz XIII. (1721-1724).*

Das wichtigste Ereignis unter dem kurzen Pontifikate Innozenz' XIII. war der neu auflodernde Jansenistenstreit. Mit großer Gewissenhaftigkeit (religio heißt sowohl Gewissenhaftigkeit, als auch Glaube und Gottesdienst) hat Innozenz XIII. sich stets für den wahren Glauben gegen die Irrlehren des Jansenismus eingesetzt. Aber »im Vertrauen auf Gerüchte (Innozenz sei gegen die Verurteilung des Jansenismus durch Klemens XI.) wagten es sieben französische Bischöfe, an Innozenz XIII. bald nach seiner Wahl ein Schreiben zu richten, das an Beschuldigungen gegen den verstorbenen Papst und sein Werk alles Bisherige überbietet. Sie beginnen damit, daß sie die Ausdrücke, in denen der hl. Basilius die arianischen Wirren schildert, auf ihre Zeit anzuwenden. Neue Arianer (gemeint sind die Verfasser der päpstlichen Bulle »Unigenitus« von Papst Klemens XI., veröffentlicht am 8. September 1713), die sich um keine Lehre der Apostel und der Väter kümmern und neue Erfindungen an deren Stelle setzen, sind nach den Sieben am Werke; ein ganzes Lehrgebäude neuer Lehren werde aufgerichtet, die sich von Tag zu Tag immer mehr verbreiten; unerhörte Meinungen über die Gnade und verwerfliche Grundsätze über die Sittenlehre würden aufgestellt . . . Die Sieben sehen in der Bulle, die Religion angegriffen in ihren Lehren, die Hierarchie in ihren Rechten, die christliche Sittenlehre in ihrer Grundlage und ihrem Geist; sie sehen in ihr die Regeln der Bußzucht verkehrt, den Alten und Neuen Bund zusammengeworfen, usw. . . Zum Schluß fordern die sieben Bischöfe, Innozenz XIII. möge die Bulle seines Vorgängers als erschlichen bezeichnen und so den Streitigkeiten ein Ende machen.«[143] Innozenz XIII.

---

[142]) Pastor, XV, 387-388.   [143]) Pastor, XV, 420-422.

ließ sich jedoch nicht irre machen; er blieb der unerschrockene Verteidiger »de bona religione«, »von der guten Religion« und vom »wahren Glauben«. »In Rom wurde das merkwürdige Schriftstück der Inquisition übergeben, die es am 8. Januar 1722 in scharfen Ausdrücken verurteilte. Die Stellung des Papstes zur Bulle Unigenitus war dadurch klar genug gezeichnet . . . Am 24. März 1722 wurde das Inquisitionsdekret gegen die sieben Bischöfe veröffentlicht. Innozenz XIII. erklärt darin aufs deutlichste, daß er hinsichtlich der Bulle Unigenitus ganz in den Bahnen seines Vorgängers wandelt . . . Die »Keckheit und Frechheit der Werkmeister der Bosheit« sei zu einem Ausbruch »über alles Maß« gekommen in dem »völlig schismatischen Schreiben« der sieben Bischöfe, das »in häretischem Geist« Göttliches wie Menschliches durcheinander werfe. Damit die verpestende Krankheit noch weiter sich verbreite, haben sie . . . die päpstliche Autorität zum Genossen und Schützer ihrer Verkehrtheit zu machen versucht, gleich als ob es in des Papstes Macht stünde, die apostolische Glaubenslehre zu ändern (de bona religione!), welcher die ganze Kirche, von Petrus belehrt, auf das festeste anhängt . . . Hirten von solcher Art könne man die Herde Christi nicht länger überlassen.«[144]

Leider hat Innozenz XIII. sich in seiner Verantwortung um »den guten Glauben« zu Maßregeln gegen den Jesuitenorden in China verleiten lassen. Seine Bemühungen, die Sachlage wieder zu bereinigen, wurden durch sein Absterben unterbrochen.

91. *Miles in bello. Krieger im Kampf. Benedikt XIII.* (1724-1730). — Es

mag dem Leser der Malachiasweissagung vor 1730 nicht klar gewesen sein, in welchem Kampf Benedikt XIII. sich bewähren sollte. Uns ist es klar; es war im »geistigen Kampf«, wo dieser heiligmäßige Papst heldenhafte Siege errungen hat. Das asketische Leben als einen Kampf aufzufassen, lag damals in der Luft. Gerne zitierte man den Satz aus dem Buche Job: »Ein Kampf ist das Leben des Menschen auf Erden« (14, 1). Diese Lebensauffassung wurde z.B. von dem damals viel gelesenen Theatiner Lorenzo S c u p o l i († 1610 in Neapel), *Combattimento spirituale,* wie auch von dem hervorragenden Cistersienser-Kardinal Giovanni Bona »Manductio ad coelum« und »De moderandis animi affectionibus« ausführlich dargelegt. Das Leben Benedikts XIII. bewegt sich ganz in diese Richtung. Er war ein unermüdlich ringender Asket, ein »Krieger im Kampf« mit seinen sündhaften Neigungen, ein *miles in bello.*

»Daß ein strenger Aszet den päpstlichen Thron bestiegen hatte, deutet schon Benedikts XIII. Äußeres an. An dem Mann von mittlerer Größe fiel auf das ernste, abgetötete Antlitz mit der hohen Stirn, der langen, gebogenen Nase und den schwarzen Augen. Von Anfang an ließ der Papst keinen Zweifel darüber, daß er auch weiterhin wie ein Ordensmann schlicht und schmucklos in allem leben wolle. Er weigerte sich die Prunkgemächer des Vatikans zu beziehen, und wählte für seine Wohnung die oberen bescheidenen Zimmer, in welche er noch am Abend seiner Wahl sein einfaches Bett aus dem Konklave

[144] XV, 422-423

48

zu bringen befahl. Später ließ er sich unfern der Galleria Geografica in einem Hintergebäude eine Art Klause einrichten, die keine Aussicht ins Freie gewährte. Die Wände wurden weiß getüncht und nur mit einigen Heiligenbildern aus Papier verziert. Die ganze übrige Einrichtung bestand aus einem Tisch, einem kleinen Betstuhl mit einem großen Kruzifix und einigen Rohrstühlen. Die prachtvolle 30.000 Scudi geschätzte Einrichtung, mit welcher Innozenz XIII. einige Gemächer im Quirinal versehen hatte, verschenkte er. . . . Die drei ersten Tage nach seiner Wahl verbrachte Benedikt XIII. völlig zurückgezogen im Gebet. Am 4. Juni fand die Papstkrönung statt . . . Als man den neuen Papst auf der Sedia Gestatoria nach St. Peter trug, ließ er vor der Pforte haltmachen und bestand darauf, ohne jeden Pomp zu Fuß die Basilika zu betreten. Aus Demut wollte er auch die Huldigung der Kardinäle nicht wie üblich in der Mitte des Altares, sondern an der Epistelseite entgegennehmen.«[145] — Bis zu seinem Tode blieb Benedikt XIII. ein kämpfender Asket. Unausgesetzte Arbeit, größte Mäßigkeit und regelmäßige Bewegung erhielten zwar den achtzigjährigen Papst rüstig und gesund.»Von Schonung seiner Kräfte hatte er nie etwas wissen wollen. Bei größter Hitze wie bei empfindlicher Kälte nahm er lange geistliche Funktionen vor. Wenn man ihn auf seine hohen Jahre aufmerksam machte und zur Mäßigung mahnte, so antwortete er, ein Papst müsse mit dem Pluviale bekleidet sterben. Auch im harten Winter von 1729 auf 1730 schonte sich der Papst nicht im geringsten. Vorübergehende Unpäßlichkeiten waren meist die Folge übertriebenen Fastens und zu großer Anstrengung . . . Am 11. Februar 1730 hielt er trotz großer Schwäche ein Konsistorium ab.« Am 18. Februar befiel ihn plötzlich eine schwere Influenza. Am 20. ließ er sich die hl. Wegzehrung reichen. Trotz seiner großen Schwäche wohnte er am 21. noch kniend der hl. Messe bei und am gleichen Tage, nachmittags gegen 4 Uhr, entschlief er,[146] — ein wahrer »miles in bello«.

92. *Columna excelsa. Hohe Säule. Klemens XII.* — (1730–1740). — Daniel und Spirago deuten diese Papstbezeichnung dahin, daß sich Klemens XII. als Säule der Kirche erwies, da er den Mut hatte, als erster gegen die immer mehr an Macht gewinnenden Freimaurer die feierliche Exkommunikation auszusprechen. Freiherr v. Pastor hebt gerade dieses Ereignis als das bedeutendste unter dem Pontifikate Klemens XII. hervor. Er schreibt:»Einen Beweis, daß der Heilige Stuhl stets auf der Hochwarte (columna excelsa!) stand, wenn es galt, das Christentum zu schützen, lieferte Klemens XII. durch seine in der berühmten Konstitution vom 28. April 1738 ausgesprochene Verurteilung des Geheimbundes der Freimaurer . . . Er verurteilte dessen Tendenzen auf das schärfste und belegte alle Mitglieder des Freimaurerordens mit der nur durch den Papst lösbaren Exkommunikation. Alle Bischöfe und Inquisitoren wurden angewiesen, dementsprechend vorzugehen . . . Am 14. Januar 1739 erschien ein neuer Erlaß, der (in Rom) die Teilnahme am Freimaurerorden bei Todesstrafe und Güterkonfiskation verbot und jedermann verpflichtete, die Versammlungen der Behörde anzuzeigen.«[147]

---

[145]) Pastor, XV, 472–473. 467–468.   [146]) Pastor, XV, 600–601.   [147]) Pastor, XV, 684–685.

Auch verschönerte Klemens XII. Rom mit *vielen Säulen,* vor allem die *Hauptfassade der Lateranbasilika* nach dem Entwurf von Alessandro Galilei. Seppelt schreibt hierüber in seiner Papstgeschichte:»Ein gutes Andenken hat sich der Papst gesichert als hochsinniger Gönner der Künste und Wissenschaften und durch die großartigen Bauten, wie die Fassade der Lateranbasilika und die Einrichtung des Statuenmuseum auf dem Kapitol. In der von ihm erbauten prachtvollen Corsini-Kapelle der Lateranbasilika hat er seine Grabstätte gefunden.«[148]

93. *Animal rurale. Wesen vom Lande. Benedikt XIV.* (1740-1758). — Es ist erstaunlich mit welcher Prägnanz die Malachiasweissagung in zwei Worten eine treffende Charakterschilderung Benedikts XIV. entwirft. Benedikt XIV. war zwar der gelehrteste unter den Päpsten, aber seine Lebensart war die eines *einfachen, gütigen, praktisch-denkenden Landmanns.* Er war ein Mann von innerer Ruhe und Harmonie, der stets die praktische Seite des Lebens sah und immer bedacht war, Gegensätze auszugleichen.

Überraschend ist, wie Freiherr v. Pastor gerade diesen Charakterzug eines gutmütigen, praktisch-realistisch handelnden »Landmannes« immer wieder hervorhebt. Zunächst bemerkt er, daß das bescheidene zweistöckige Geburtshaus des Papstes in der *Via delle Campane* (animal rurale!), jetzt Via Benedetto XIV., liegt, — heute mit einer Erinnerungstafel versehen.[149] — »Es wird erzählt, daß Montfaucon und Lambertini, der spätere Benedikt XIV., eines Tages einen heftigen Disput über die Rechte der Päpste hatten, den Lambertini zuletzt lächelnd mit den Worten beendete: »Weniger Freiheiten der gallikanischen Kirche und weniger Prätensionen von unserer Seite, dann werden die Dinge ins Gleichgewicht kommen.«[150] »Als er zum Kardinal ernannt worden war, schrieb er einem Freunde: »Seien Sie versichert, daß ich bei dieser Verwandlung nur die Farbe wechsle und stets derselbe Lambertini bleibe in meinem Charakter, in meiner Heiterkeit und in der Freundschaft für Sie.«[151] Nach seiner Papstwahl »erregte es Aufsehen, daß er bei diesen Ausfahrten so wenig wie möglich Prunk entfaltete; noch mehr Staunen aber verursachte es, daß er seit dem Herbst 1743 seine Wanderungen kreuz und quer durch die Stadt ausdehnte, während seine Vorgänger sich nur fünf- oder sechsmal im Jahre öffentlich gezeigt hatten. Dem Papste konnte man wie einem gewöhnlichen Monsignore in Roms Straßen begegnen; auf seinem spanischen Rohrstock gestützt, wanderte er überall umher und suchte auch entlegene, vom gewöhnlichen Volk bewohnte Stadtteile, wie Trastevere, auf, wobei er sich aufs leutseligste mit Männern auch niederer Stände auf der Straße unterhielt . . . Ganz frei von jedem Zeremoniell, aber nicht von den Geschäften, hielt er sich während des Landaufenthaltes, den er regelmäßig Ende Mai und im Oktober in Castel Gandolfo sich gönnte. Von dort aus besuchte er die umliegenden Kirchen und Villen, unterhielt sich mit den Landleuten und durchstreifte die Wälder, sich an der Natur erfrischend

---

[148]) Seppelt, ebd. 264-265.   [150]) Pastor, XVI, 1. Teil. 20-21.
[149]) Pastor, XVI, 1. Teil. 17.   [151]) Pastor, XVI, 1. Teil. 21.

(animal rurale!) . . . Seine Zunge wußte er nicht immer im Zaume zu halten, so daß ihm auch Unpassendes entschlüpfte. Aber diese Schwäche war mit soviel Bonhomie verbunden, daß niemand sie übelnehmen konnte; eine falsche Deutung schloß der sittliche Ernst seines Wandels aus, den keiner anzutasten wagte. Größere Ungebundenheit blieb Benedikt XIV. Lebensbedürfnis. Als man ihm einmal nahelegte, sich als Papst des Gebrauches der derben Ausdrücke des bolognesischen Dialektes zu enthalten, meinte er, in seiner Stellung vermöge er die Redeweise seiner Heimat zu adeln.«[152] — »Wie sehr er seine Würde von Anfang an als Bürde empfand, . . . zeigt bald nach seiner Thronbesteigung ein Brief an den Bischof von Spoleto.»Ich kenne mich nicht wieder,« so heißt es hier, »so bin ich überhäuft mit Beschäftigungen und Etikette; man legt mich wie in Fesseln durch häufige Besuche, man erstickt mich mit Lob, und unablässig muß ich rudern gegen den Strom von Lügen, die ich als Wahrheit annehmen soll, mich wehren gegen den Rausch des Stolzes, den man mir einflößen will, und gegen die Unannehmlichkeiten aller Art, welche die Zugabe des Papsttums sind.«[153] — »Bei seinem Tode herrschte nur ein Urteil über sein *einfaches, ruhig-verständiges und praktisches Wesen.* Selbst die spottsüchtigen Römer . . . waren betrübt. Im Ausland würdigte man allgemein den Papst, der während eines Pontifikates von 17 Jahren durch kluge Mäßigung den Frieden der Kirche bewahrt und selbst den antichristlichen Philosophen Achtung eingeflößt hatte.«[154] — Pastor bedauert es, daß sein monumentales Grabdenkmal im Petersdom so wenig seinem Wesen entspricht.»Nur schwer wird man in dieser theatralisch bewegten Marmorfigur den *stets einfachen, natürlichen, heiteren, gutmütigen Papst* wiedererkennen, der trotz seiner großen Gelehrsamkeit sich *tiefe Demut und liebenswürdiges Ebenmaß* bewahrte.«[155]

94. *Rosa Umbriae. Rose von Umbrien. Klemens XIII. (1758-1769).* — Carl Rezzonico war von Klemens XI. als Governatore nach Rieti und später in gleicher Eigenschaft nach Fano gesandt worden.[156] — Rieti gehört zwar provinzmäßig zum Latium, landschaftlich aber zum Rosenland Umbrien; Fano (Fanum Fortunae) gehörte früher zur römischen Umbria.[157]

Daniel glaubt in der Bezeichnung »Rose« auch einen Hinweis zu sehen auf die tiefinnerliche Frömmigkeit und Herzensgüte des Papstes. Schon Klemens XII. hatte Kardinal Rezzonico die »schönste Blume des Hl. Kollegiums« genannt. Dies wird auch ganz und gar in der Papstgeschichte bestätigt. »Die Zeitgenossen schildern den 65jährigen Papst als einen Mann von mittlerer Größe und von frischer Gesichtsfarbe . . . Aus seinen Mienen sprach ein mildes, sanftes Gemüt. Tiefinnerliche Frömmigkeit und größte Güte waren

[152]) Pastor, XVI, 1. Teil. 27-30.
[153]) Pastor, XVI, 1. Teil. 436-437.
[154]) Pastor, XVI, 1. Teil. 433.
[155]) Pastor, XVI, 1. Teil. 432-433.
[156]) Pastor, XVI, 1. Teil. 453.
[157]) Vgl. Putzgers, Historischer Schulatlas. Bielefeld, Verl. Velhagen, 120. S. 10.

der Grundzug seines Wesens. Mit Recht konnte er sich Klemens nennen, denn seine Milde kannte nur eine Schranke: die Rechte der Kirche.«[158] — Es entsprach ganz seinem Wesen, die Andacht zum Hl. Herzen Jesu zu fördern und im Jahre 1765 das diesbezügliche Fest einzuführen. Klemens XIII. starb kurz nach einer Anbetung des Allerheiligsten an einem Herzschlag. Mit ihm »sank ein Papst ins Grab, dem selbst seine Gegner persönliche Hochachtung nicht versagen konnten ... Aufrichtige *Frömmigkeit, Sittenreinheit, werktätige Nächstenliebe, Demut und Sanftmut* eigneten ihm in hohem Grade. In den Widerwärtigkeiten seines dornenvollen Pontifikats bekundete er eine Seelengröße und ein Gottvertrauen, die ans Heldenhafte grenzen.«[159]

95. Ursus velox. Schneller Bär. Klemens XIV. (1769 bis 1775). — Wenn wir in Pastors Papstgeschichte die Charakterschilderung Klemens XIV. lesen, sind wir gar nicht überrascht, daß die Papstweissagung gerade diesen Papst als Bär bezeichnet. Der Bär galt immer, besonders bei den südlicheren Völkern, als ein eigensinniges, stumpfsinniges und mißtrauisches Tier. Noch heute sagt man im Französischen sprichwörtlich von einem Menschen, der verschlossen und eigenwillig und mit dem nichts anzufangen ist: *»C'est un ours!«* So war auch, trotz seiner Frömmigkeit und Gelehrsamkeit, Klemens XIV. »Ein österreichischer Diplomat sagt, schon als er noch einfacher Mönch gewesen, habe niemand über seine wirkliche Gesinnung ein entscheidendes Urteil abgeben können.«[160] Als Papst »wollte er alles allein, möglichst geheim und ohne jede fremde Hilfe erledigen ... Er fürchtete die Gesandten, die Adeligen, die Jesuiten, die Presse und vor allem die Kardinäle. Selbst seinem Staatssekretär Pallavicini traute er so wenig, daß er ihm geheime Angelegenheiten möglichst verhehlte ... Auch die übrigen Kardinäle wurden nur selten oder gar nicht zu Rate gezogen, ja mit offener Mißachtung behandelt. Es kam vor, daß in einer Allokutio anzügliche Stellen gegen sie enthalten waren ... Die Kardinäle erwiderten zuletzt Gleiches mit Gleichem. Bei den Feierlichkeiten erschienen sie so spät, daß der bereits angekleidete Papst warten mußte. Manchmal fanden sie sich auch gar nicht ein ... Auch das Verhältnis des Papstes zum römischen Adel war so schlecht, daß manche Adelige es ablehnten, am päpstlichen Thron zu assistieren ...«[161] Selbst »das römische Volk ... wandte sich wie alle übrigen von ihm ab. Er selbst aber witterte überall Gift und fand es überall.«[162]

Der Bär gilt auch, selbst in der Hl. Schrift, als ein gefräßiges Tier; man sagt ihm sogar nach, er verschlinge manchmal seine eignen Jungen. Auch in diesem Sinne gilt das Wort »Ursus« auf Klemens XIV. Denn seine »größte Tat« war die Aufhebung des Jesuitenordens. Wenn Klemens XIV. auch dem Drängen der Feinde des Jesuitenordens nicht gleich nachgegeben hat, so war immerhin seine Entscheidung »zu schnell« (velox!) getroffen worden. »Die Aufhebung erfolgte durch das Breve »Dominus ac Redemptor noster« vom

---

[158] Pastor, XVI, 1. Teil. 455. [160] Pastor, XVI, 2. Teil. 66. [162] Pastor, XVI, 2. Teil. 397.
[159] Pastor, XVI, 1. Teil. 957. [161] Pastor, XVI, 2. Teil. 71-72.

21. Juli 1773. Die päpstliche Entscheidung, die Gesellschaft Jesu kraft apostolischer Vollgewalt aufheben, ward damit begründet, daß dieselbe nicht mehr wie früher die reichen Früchte bringen und Nutzen stiften könne, um derentwillen sie gegründet worden sei . . . Die Durchführung des Aufhebungsbreves, die einer besonderen mit weitgehenden Vollmachten ausgestatteten Kardinalskongregation anvertraut wurde, ist im Kirchenstaat nicht ohne Härte erfolgt. Der Ordensgeneral, der bis zuletzt seine und des Ordens Unschuld bekannt hatte, und dessen Prozeß nichts für ihn Belastendes ergab, wurde mit hervorragenden Mitgliedern des Ordens in der Engelsburg in strengem Gewahrsam gehalten († 24. Nov. 1775).«[163] Zutreffend bemerkt ein Zeitgenosse über den Papst »Ursus velox«: Klemens XIV. fehlten die Fähigkeiten sowohl zur Regierung der Kirche wie des Staates. Seine großen Schwächen, Ehrgeiz und Furcht, machten ihn lächerlich und zum Sklaven anderer. Er wird nur dadurch bekannt bleiben, daß er mit der Aufhebung der Jesuiten der Kirche eine schwere Wunde geschlagen hat.«[164]

96. *Peregrinus Apostolicus. Apostolischer Fremdling* (bzw. Apostel in der Fremde). *Pius VI.* (1775 bis 1799). — Selbst Seppelt, der die Echtheit der Malachiasweissagung verwirft, muß zugeben, daß die Weissagung für Pius VI. recht behielt.[165] — Zunächst reiste Pius VI. 1782 persönlich nach Wien zu Kaiser Josef II., um diesen zu bewegen, seine unrechtmäßige Einmischung in kirchliche Angelegenheiten einzustellen. Diese Reise des Papstes war ein Weltereignis. Sie »glich einem ununterbrochenen Triumphzuge; auf allen Wegen strömten Tausende herbei, die seinen Segen empfangen wollten. Am 14. März erreichte Pius die Grenzen der kaiserlichen Staaten, am 22. zog er in Wien ein. Mit dem Eifer der Gläubigen, in ihm ihren Oberhirten zu verehren, mit den Ehrenbezeugungen, die ihm vom Kaiser zuteil wurden, durfte Pius wohl zufrieden sein; dagegen konnte er in der Hauptsache und weswegen er sich der beschwerlichen Reise unterzogen hatte, nichts erreichen . . . Vier Monate verweilte Pius in Wien, und alles, was er erlangen konnte, war die Zusicherung des Kaisers, die von ihm beabsichtigten Reformen sollten weder gegen die Lehren der Kirche, noch gegen das Ansehen des Oberhauptes etwas enthalten. Aber nach der Abreise des Papstes fuhr Josef II. in alter Weise zu reformieren fort . . .«[166]

Noch eine andere Reise sollte Pius VI. vor seinem Tode machen. Im Auftrag von Bonaparte war General Berthier am 10. Februar 1798 in Rom eingerückt. Am 15. wurde die Republik proklamiert; den Papst erklärte man als abgesetzt. Zwar »sollte Berthier den Papst eigentlich entfliehen lassen, damit man nicht Hand an ihn zu legen brauchte. Da Pius sich aber weigerte, seine Herde zu verlassen, und bei den Gräbern der Apostelfürsten ausharren wollte, so fürchtete man einen Aufstand zu seinen Gunsten, und Berthier erhielt Befehl, ihn wegzuführen. Vergebens bat der Achtzigjährige, man möchte ihn in Rom sterben lassen. »Vous mourrez partout, sterben können

[163] Pastor, ebd. 271-272.   [165] Seppelt, ebd. 279.
[164] Pastor, XVI, 2. Teil. 397-398.   [166] Gröne, ebd. 466-467.

Sie überall«, wurde ihm geantwortet. Ohne jede Vorbereitung wurde der schwache und kranke Greis in einen Postwagen gesetzt und erst nach Siena, dann (am 30. Mai 1798) nach der Kartause bei Florenz gebracht. Als 1799 der zweite Koalitionskrieg begann, wurde er über Parma, Tortona und Turin fortgeschleppt, auf einer Bahre über den Mont Genèvre getragen und nach Briançon, Grenoble und endlich nach Valence gebracht, wo er am 14. Juli todmatt ankam. Trotzdem wollte man ihn auch dort nicht lassen, sondern nach Dijon weiterführen, als ein sanfter Tod seinen Leiden ein Ende machte (29. August 1799).«[167] — Peregrinus apostolicus! Der Nachfolger des Apostels Petrus starb als Fremdling im Ausland. —

97. *Aquila rapax. Räuberischer Adler. Pius VII.* — (1800-1823). — Schon gleich wird jedem klar, daß unter dem »räuberischen Adler« Napoleon I. verstanden werden muß. Napoleon hatte ja den Adler zum Zeichen seiner Dynastie gemacht. Auch sein Charakterbild entspricht dem Symbol des Adlers. »Wenn irgend jemand, so verdient er das Prädikat eines Genies, wie es ihm auch prinzipielle Gegner stets zuerkannten und wie er nicht nur als Feldherr auf unzähligen Schlachtfeldern, sondern auch in seinen politischen, administrativen und diplomatischen Maßnahmen und Verordnungen, in seinen Verdiensten für Kultur, Gewerbe, Wissenschaft und Unterricht, in seinen überraschend gedankentiefen Aussprüchen und Korrespondenzen erwiesen hat. Als moralische Persönlichkeit aber ist er überall jener willensstarke Selbstherr, der mit despotischer Rücksichtslosigkeit jeden Widerstand zerbricht und alle weicheren Charaktere sich dienstbar macht, . . . der sich ohne Skrupel auch über sittliche Vorschriften hinwegsetzt, . . . der keine Grenzen seiner Selbst- und Herrschsucht kennt.«[168]

Dieser »Adler« unter den Feldherrn und Machthabern konnte keine höhere Macht in Europa dulden, selbst nicht den Papst. Er schloß zuerst mit ihm das Konkordat, verlangte aber auch von ihm die Unterzeichnung der sog. »organischen Artikel«, die die rechtmäßigen Befugnisse des Hl. Vaters äußerst schmälerten. Pius VII. weigerte sich, diese Paragraphen zu unterzeichnen. Jedoch erklärte er sich bereit, die Kaiserkrönung in Paris zu vollziehen (1804), um des Friedens willen und um die Aufhebung der »organischen Arikel« zu erlangen. Gegen alle Vereinbarung aber nahm Napoleon nach der Salbung durch den Papst eigenhändig die Kronen vom Altar, um sich die eine und seiner Gemahlin die andere aufzusetzen. Der Sinn dieser Handlungsweise war klar. Er selbst wollte der höchste Herr Europas sein. »Als er später vom Papst die Schließung aller päpstlichen Häfen für seine Feinde forderte, begründete er dies mit den Worten: »Eure Heiligkeit sind Souverän von Rom, ich aber bin Roms Kaiser . . .« Päpstliche Gebiete erklärte er für französische Lehen und belohnte damit den Minister Talleyrand und den Marschall Bernadotte . . . Während der päpstlichen Messe am Lichtmeßtage 1808 rückten die Franzosen in Rom ein. Nach maßlosen Gewalttätigkeiten gegen Kardinäle und Prälaten wurden unter dem Donner der Kanonen am 17. Mai 1809 Rom

[167] Seppelt, ebd. 279.
[168] Jos. Schmidlin, Papstgeschichte der Neuesten Zeit. München, Kösel u. Pustet, I. Bd. S. 40.

54

und der Kirchenstaat als kaiserliches und französisches Eigentum erklärt, das päpstliche Wappen von den Staatsgebäuden heruntergeholt, die Trikolore gehißt . . . Im Dunkel der Nacht entführte man den Papst im Wagen über Florenz nach Savona, wo man ihn in zwei Zimmer des bischöflichen Palastes festsetzte.«[169]

»Während so der gottergebene Dulder als Gefangener in Savona schmachtete, wüteten in der von ihm verlassenen Tiberstadt die kaiserlichen Behörden und Zutreiber gegen die zurückgebliebenen Prälaten und Priester wie gegen die verwaisten Untertanen. Alle Kardinäle und sämtliche Kurienbeamte wurden gleich den Ordensgenerälen nach Paris verbannt sowie die kirchlichen Kongregationen, Kanzleien und Ämter besetzt und geschlossen; die päpstlichen Siegel sowie der Fischerring wurden konfisziert, die Akten und Archive beschlagnahmt und mit den Kunstobjekten wagenweise nach Frankreich transportiert . . . Alle Refraktäre (die den Treuschwur auf den Kaiser nicht leisten wollten) traf kraft kaiserlichen Erlasses die Konfiskation und Deportation nach Oberitalien oder Korsika.«[170]

»Am 17. Februar 1810 vereinigte ein Senatsbeschluß das Patrimonium Petri mit dem Kaiserreiche. Alle Orden und 17 Bistümer wurden bald darauf aufgehoben. Nach den Absichten Napoleons (dieses räuberischen Adlers!) sollte stets ein kaiserlicher Prinz in Rom residieren, der französische Kronprinz den Titel König von Rom führen, der Papst dem Kaiser den Eid leisten und sich abwechselnd in Rom und Paris aufhalten. Jeder künftige Papst sollte die gallikanischen Artikel beschwören. Die Kardinäle und päpstlichen Behörden sollten in Paris ihren Sitz haben.«[171]

Es kam allerdings anders als der »räuberische Adler« es sich geträumt hatte. Zwar gab der Kaiser 1812 noch den Befehl, Pius VII. nach Fontainebleau zu bringen, um ihn näher bei Paris zu haben und ihn seinen Wünschen gefügiger zu machen. Pius VII. gab auch, durch Schwäche und Krankheit bewogen, etwas zu, — aber schon bald widerrief er sein Zugeständnis. Der Flug des »räuberischen Adlers« sollte übrigens bald zu Ende sein. Napoleon zog nach Deutschland und holte sich bei Leipzig seine entscheidende Niederlage. Pius VII. kehrte nach Rom zurück und der entthronte Kaiser ging in die Verbannung.

98. *Canis et coluber. Hund und Natter. Leo XII.* (1823-1829). — Wie beim vorigen Papstwort, so ist auch mit der Bezeichnung »Hund und Natter« nicht der Papst, sondern die Gegner des Papsttums gemeint. Sowohl in der Hl. Schrift als auch in der Literatur bezeichnet das Wort Hund fast immer ein gemeines Tier oder einen »bissigen Menschen«.[172] — Die Natter gilt als ein

---

[169] Dr. Greven, Geschichte der Kirche, III. Zeitalter (Licht und Leben, IV. Bd.). Düsseldorf, Verlag Schwann, 1928. S. 243 - 244.

[170] Schmidlin, Papstg. I. 103 - 104.

[171] Seppelt, ebd. 287.

[172] Verl. Heinichen, ebd. 119 und De Raze, Concordantiorum SS. Scripturae Manuale. Paris, Gabalda, 1908. S. 97.

listiges, giftiges Tier, das die Menschen unbemerkt anfällt und zu Tode bringt. So sind Hund und Natter Sinnbilder von *Irrlehren und geheimen Gesellschaften*, die unter dem Pontifikate Leos XII. die Christen zu verführen drohten, die aber von Leo XII. entlarvt und als giftige Untiere gebrandmarkt worden sind. Schon »in seinem Inthronisationsrundschreiben (1824) verurteilte er den »Tolerantismus« oder »Indifferentismus«, die Lehre, daß sich der Mensch ohne Nachteil für sein Seelenheil einer beliebigen Religionsgemeinschaft anschließen könne und warnte ... vor den Bibelgesellschaften, da sie die Hl. Schrift in entstellten Übersetzungen verbreiteten. Die Konstitution »quo graviora« vom 13. März 1825 richtete sich gegen die geheimen Gesellschaften der *Freimaurer* und der *Carbonari*.«[173] — In dieser Verdammungsbulle gegen die Freimaurer, führte Leo XII. u.a. aus: Wie die Freimaurer schon vielerlei Kriege in Europa entfacht hätten, so schürten sie immer neue Unruhen, veranstalteten Meuchelmorde (coluber!), bekämpften die Dogmen und Vorschriften der Kirche; alle Leiden der Kirche seien auf die Wühlarbeit der Sekte zurückzuführen, die in ihren Büchern und Statuten blasphemisch die Kirche zu zerstören suche; sie leugneten Gott und das Fortleben der Seele und seien in solchem Tun unter sich streng verbunden und organisiert. Deshalb verdammt und untersagt der Papst diese Verschwörungen gegen Kirche und Obrigkeit, verhängt den ihm vorbehaltenen Bann über die Mitglieder und Förderer der Freimaurerei, befiehlt die Anzeige der Genossen, verurteilt und invalidiert den in ihren Zusammenkünften üblichen Eid, fordert die Ordinarien unter Hilfe der katholischen Fürsten zu ihrer Ausrottung auf und verbietet schließlich alle Gläubigen, solchen Organisationen beizutreten.[174]

99. *Vir religiosus. Frommer Mann.* Pius VIII. (1829 bis 1830). — Diese Papstbezeichnung schildert sehr gut das Wesen und Leben Pius VIII. Schon bei seiner Wahl herrschte allgemeine Freude, da Franz Xaver Castiglioni, bzw. Pius VIII. als ein Mann von tiefreligiöser Gesinnung und großer Frömmigkeit galt. Seine körperlichen Leiden, besonders seine quälende Atemnot und ein schmerzendes Halsgeschwür, ertrug er mit heldenhafter Geduld. Trotz dieser Beschwerde war er unermüdlich, dazu äußerst gewissenhaft u. von väterlicher Milde. Um zu Beginn des Pontifikates den göttlichen Beistand zu erflehen, verkündigte er am 18. Juni ein allgemeines Jubiläum.[175] — Leider währte sein Pontifikat nur 20 Monate. »Wie ein rasch aufleuchtender Meteor verblich sonach mit ihm ein Mann von großem Wissen, *inniger Frömmigkeit und tiefer Demut*.«[176]

100. *De balneis Etruriae. Von den Bädern Etruriens.* Gregor XVI. (1831-1846). — Es ist nicht ganz klar, was mit dieser Papstbezeichnung gemeint ist. Allerdings ist es wahr, daß der Kamaldulenser-Orden, dem Gregor schon vom 18. Lebensjahre angehörte und in dem er später als Abt fungierte, vom

---

[173] Seppelt, ebd. 297.
[174] Schmidlin, Papstg. I. 468 - 469.
[175] Schmidlin, Papstg. I. 480 - 482.
[176] Schmidlin, Papstg. I. 510, und Hergenröther-Kirsch, IV, 365.

hl. Romuald auf Grund einer Vision an einem rauschenden Waldbach in einem Bergtal der Appeninen in Etrurien gegründet worden war. Dort legte Romuald um 1009 den Grundstein zum berühmten Klosterbau, der die Wiege des neuen Ordens sein sollte und den er nach dem Namen des Ortes Camaldoli (bei Arezzo) Karmaldulenser-Orden nannte. Tatsache ist auch, daß Papst Gregor in jeder Hinsicht bis zu seinem Tode ein Mönch jenes etrurischen Ordens blieb. »Nie hatte er vorher die Mauern seiner eigenen Zelle verlassen, um sich in der Welt umzusehen; dabei gehörte er zu einem teilweise sehr veralteten . . . Zweig der ältesten und strengsten Benediktinerfamilie, die zwar ihre Mitglieder in steter Selbstzucht und Askese schulte, aber möglichst vom weltlichen Getriebe fernzuhalten suchte. Daraus erklärt sich eine geringe Weltkenntnis und Regierungsgabe in zeitlichen Dingen, aber auch seine schroffe kirchliche Auffassung und Praxis in allem, worin sich Kirche und Kurie mit staatlichen oder zivilen Fragen wie mit dem modernen Zeitgeist berührte.«[177] — Auch weist E. Daniel darauf hin, daß Papst Gregor in Etrurien archäologische Grabungen und Forschungen durchführen ließ und das etruskische Museum, das heute den Namen Gregorianisches Museum trägt, gründete.[178]

101. *Crux de Cruce. Kreuz vom Kreuze. Pius IX.* (1846-1878). — Pius IX. ist uns vor allem bekannt als der Papst der »Unbefleckten Empfängnis«. Durch die Definition dieses Dogmas am 8. Dez. 1854 hat Pius IX. der katholischen Welt eine unvergleichliche Freude bereitet, zugleich aber auch die Wut Satans gegen ihn und die Kirche herausgefordert, — nach den Worten der Hl. Schrift: »Das Weib wird dir den Kopf zertreten, du aber wirst ihrer Ferse nachstellen.« So dürfen wir sagen, daß das lange Pontifikat Pius IX. von Prüfungen und Leiden getragen war. Selbst Jos. Wittig gibt in seiner Papstgeschichte zu, daß das Malachias-Wort »Kreuz vom Kreuze« für Pius IX. sehr sinnreich ist.[179] — Unter der Führung des Königs von Piemont-Sardinien setzten die italienischen Nationalisten mit allen Mitteln die Einigung Italiens durch. Nach und nach fielen die Provinzen des Kirchenstaates vom Papste ab und unterstellten sich der Regierung des jungen italienischen Nationalstaates. »Nur Rom fehlte noch in der italienischen Krone . . . Als das Mittel der Regierung, in Rom einen Aufstand zu entfachen und die Einmischung des Königs zu ermöglichen, nicht recht anschlug, predigte Garibaldi . . . in Florenz »den heiligen Krieg gegen den Vampyr von Italien« und zog gegen Rom. Bei Mentana traf er auf die päpstlichen Truppen unter General Kanzler und erlitt, als dieser von den Franzosen Verstärkung erhielt, eine empfindliche Niederlage . . . Die Franzosen blieben jetzt in der Nähe Roms . . . Leider mußten sie bald zur Verteidigung des eigenen Vaterlandes gegen die deutschen Waffen nach Frankreich abziehen. Rom war nun ungeschützt, und bald nach dem Tage von Sedan beschlossen die Piemontesen die Erorberung Roms.«[180] — Am 20. September 1870 wurde Rom bombardiert und erobert.

---

177) Schmidlin, Papstg. I. 520. 179) Wittig, ebd. 176.
178) Daniel, ebd. 266. 180) Wittig, ebd. 173.

1871 wurde die Residenz des italienischen Königs nach Rom verlegt und Pius IX. wurde »der Gefangene des Vatikans«. Das Wort *»Kreuz vom Kreuze«* hatte sich buchstäblich bewahrheitet, da dem Hl. Vater das K r e u z gekommen war vom Hause Savoyen von Piemont, das ein *Kreuz im Wappen* führte.

Ja selbst nach seinem Tode folgte noch Pius IX. das Kreuz. »Als in der Nacht zum 13. Juli 1881 die Überführung des vorher in St. Peter provisorisch beigesetzten Sarkophages mit der Leiche des Papstes (seinem Wunsche entsprechend nach San Lorenzo) stattfand, da war der Leichenzug den schlimmsten Exzessen eines kirchenfeindlichen Pöbels ausgesetzt, der auf der Tiberbrücke vor der Engelsburg den Sarg in den Fluß werfen wollte. Unter Lebensgefahr schützten insbesondere die Kleriker des deutschen Campo Santo die Leiche des Papstes und erzwangen es nach mehrstündigem Zuge in ständiger Abwehr, daß San Lorenzo erreicht werden und Pius IX. seine letzte Ruhestätte finden konnte.«[181] — »Nun ruht er dort in seinem Grabe, das so einfach und würdig ist, wie ein Märtyrergrab. Das katholische Volk kann nicht vergessen, was er für die Kirche gelitten. Es betet an der stillen Ruhestätte in San Lorenzo wie an dem Grabe eines Heiligen.«[182]

102. *Lumen in Coelo. Licht am Himmel. Leo XIII.* (1878-1903). Joachim Pecci entstammte einem alteingesessenen Geschlecht aus Carpineto im Süden des Kirchenstaates, das einen S t e r n , bzw. einen K o m e t e n im Wappen führte (Licht am Himmel!). Seine Wiege stand »in einem weit ins Land hinausschauenden Felsenneste in den Monti Lepini.«[183] — Seine Wahl als Papst war eine äußerst glückliche, denn er war in jeder Hinsicht ein L i c h t für die Kirche. Es heißt ja beim Propheten Daniel (12, 3): »*Die Weisen strahlen wie der Glanz des Himmels, und die, welche viele in der Gerechtigkeit unterweisen, wie die Sterne in Ewigkeit.*« Ein solcher Stern war Leo XIII.

»Als sein Regierungsprogramm bezeichnete er in seiner ersten Enzyklika »Inscrutabili Dei Consilio« vom 21. April 1878 die Verständigung von Kirche und Kultur. Die Kirche setzte er ins hellste Licht als Schirm und Hort der ewigen und unwandelbaren Grundsätze der Sitte und Gerechtigkeit, als Nährerin, Lehrerin und Mutter der Kultur . . . In dem Vierteljahrhundert seiner Regierung, die ihm beschieden war, hat dann der Papst in zahlreichen Rundschreiben sein Wort an die Völker gerichtet und ihnen über alle Fragen, die aus jenem Programm nur irgend abgeleitet werden können, seine Belehrungen erteilt. Mit bewundernswertem Geschick wandte er die alte Weisheit, die er aus den Werken des von ihm hochverehrten Thomas von Aquin schöpfte, auf die brennenden Fragen der Gegenwart an, und die schöne, elegante, dabei aber würdige und kräftige Sprache machte es zum Genuß, ihm zu lauschen . . . Seine bedeutendsten und wirksamsten Enzykliken sind den ethischen und politischen Problemen gewidmet. Sie handeln über die Gefahren des Sozialismus (Quod apostolici muneris, vom 28. Dez. 1878), über den Ursprung der bürgerlichen Gewalt (Diuturnum illud, vom 29. Juni 1881), über die Freimaurerei (Humanum genus, vom 20. April 1884), über die christliche Staats-

---

[181] Seppelt, ebd. 336. [182] Wittig, ebd. 176. [183] Seppelt, ebd. 237.

ordnung (Immortale Dei, vom 1. Nov. 1885), über die menschliche Freiheit (Libertas, praestantissimum, vom 20. Juni 1888), über die wichtigsten Pflichten christlicher Staatsbürger (Sapientiae christianae, vom 10. Jan. 1890), über die Arbeiterfrage (Rerum novarum, vom 15. Mai 1891) und über die christliche Demokratie (Graves de communi, vom 18. Jan. 1901). — Auf das kirchliche Leben beziehen sich die Rundschreiben über die Erneuerung der Wissenschaft (Aeterni patris, vom 4. Aug. 1879), das Studium der Hl. Schrift (Providentissimus Deus, vom 18. Nov. 1893), den Religionsunterricht (Militantis ecclesiae, vom 1. Aug. 1897), über den göttlichen Erlöser (Tametsi futura, vom 1. Nov. 1900), den Heiligen Geist (Divinum illud, vom 9. Mai 1897) und das Altarssakrament (Mirae caritatis, vom 28. Mai 1902), über die Mission (Sancta Dei, vom 3. Dez. 1880) und die Slawenapostel Cyrillus und Methodius (Grande munus, vom 30. Sept. 1880), über die christliche Ehe (Arcanum illud, vom 10. Februar 1880) und das christliche Leben (Exeunte jam, vom 25. Dez. 1888), über die Einheit der Kirche (Satis cognitum, vom 29. Juni 1896) und die Vereinigung im Glauben (Praeclara gratulationis, vom 20. Juni 1894). — Dazu kommen zahlreiche Schreiben über Fragen des Kultus und Gebetes, über die Marienverehrung, den Rosenkranz, das Herz-Jesu, den hl. Joseph, den hl. Franziskus und den dritten Orden usw., besonders aus den letzten Jahren, wo ihn seine Frömmigkeit ganz durchdrang.«[184]

So war Leo XIII. tatsächlich auch für die späteren Jahrzehnte eine Leuchte der Wissenschaft und Weisheit, ein Stern der Kirche, ein »Licht am Himmel«, das heute noch nicht erloschen ist.

103. *Ignis ardens. Brennendes Feuer. Hl. Pius X.* (1903-1914). — Wenn je ein Malachias-Wort die seelische Verfassung eines Papstes geschildert hat, so ist es dieses Wort »Brennendes Feuer« für Pius X. Alle Biographen dieses neuen Heiligen sind sich darüber einig, daß Papst Pius X. eine »Feuerseele« war, die darauf brannte, »Alles in Christo zu erneuern.«[185] — Pius X. war kein großer Diplomat, kein Politiker, er war S e e l s o r g e r, immer von heiligem Feuer entflammt, in den Herzen der Priester und der Gläubigen das reine Feuer der Gottesliebe zu entfachen. Wenn Leo XIII. ein Licht der Wissenschaft und sozial-theologischer Weisheit war, so war Pius X. ein brennendes Feuer der Gottesliebe. »Sein Kampf gegen den Modernismus als »Sammelbecken aller Häresien« durch den Syllabus vom 3. Juli 1907, die Enzyklika Pascendi vom 8. Sept. 1907 und den Antimodernisteneid (1910) setzte die Welt in Erregung.«[186] Sein Bestreben, alles in Christo zu erneuern, erfaßte das gesamte kirchliche Leben: Erziehungswesen und Eheschließung, Kirchenrecht und römische Kurie. Besonders aber zeigte sich der Feuereifer des heiligen Papstes in seiner *Aufforderung zur öfteren hl. Kommunion* (1905) und im Dekret über die *Frühkommunion der Kinder* (1910). »Hatte schon Sarto bei seinen bischöflichen Visitationen die Volkskommunion jeder ande-

[184] Seppelt, ebd. 343 - 344.
[185] Vgl. z.B. Hünermann, Brennendes Feuer.
[186] Der Große Herder, IX. Band, 1934. Spalte 796.

ren Begrüßung vorgezogen und in einer Antrittsenzyklika den öfteren Empfang der Sakramente als Hauptmittel zur Erneuerung in Christo befürwortet, so drang er als Papst auf täglichen Kommunionempfang . . . Ebenso schärfte er den Eltern, Lehrern, Beichtvätern und Pfarrern ein, die Kinder schon nach Erreichung des Unterscheidungsalters zur hl. Kommunion zu führen, allgemeine Kommunionfeiern für die Jugend zu veranstalten und sie auch nach der Erstkommunion des öftern zuzulassen.«[187] Durch diese Verordnung hat Pius X. das Feuer der Gottesliebe, das in ihm brannte, bzw. das in Christus selber lodert, der ganzen Kirche mitgeteilt. Die häufige hl. Kommunion hat seit Pius X. in der katholischen Kirche das Feuer der Liebe und Hingabe wieder neu entzündet und neue Glut von Innerlichkeit und Opfergeist entfacht. Mit Recht sagte deshalb auch Pius XII. bei der Heiligsprechung seines edlen Vorgängers: »Eines der ausdrucksvollsten Zeugnisse seines priesterlichen Bewußtseins war *die brennende Sorge,* die Würde des Gottesdienstes zu erneuern und besonders die Vorurteile einer abwegigen Gewohnheit zu überwinden, indem er mit Entschiedenheit den häufigen, sogar täglichen Gang der Gläubigen zum Tisch des Herrn förderte und auch ohne Zögern die Kinder dorthin führte: Ein neuer Frühling eucharistischen Lebens nahm damit seinen Anfang!«

104. *Religio depopulata. Entvölkerte Religion. Benedikt XV.* (1914-1922).
— Das Wort »*depopulata: entvölkert«* ist wohl zunächst eine Anspielung auf den Weltkrieg 1914-1918 und dessen böse Folgen für Europa und die ganze Welt. Hatte doch dieser Weltkrieg Europa über 100 Millionen Menschenleben durch Kriegseinwirkung gekostet; dazu kommen noch die infolge ansteckender Krankheiten besonders gegen Ende des Krieges erfolgten Verluste der europäischen Bevölkerung, die nach manchen Statistiken, die Zahl der Kriegsverluste noch übertrafen. So stand das ganze Pontifikat Benedikt XV. im Schatten des furchtbaren Weltkrieges und dessen Auswirkungen. Vergebens hatte der Papst immer wieder versucht, vor allem durch seinen Friedensvorschlag vom 1. August 1917, die Völker zu versöhnen. Nur war ihm ein gewisser Erfolg beschieden bei seinen Bemühungen um Milderung der Kriegshärten bei den schwerbetroffenen Zivilbevölkerungen und den Kriegsgefangenen.

Die Bezeichnung »Entvölkerte Religion« weist aber auch hin auf den ungeheuren *Abfall vom Glauben* infolge der Kriegswirren, der Vergnügungssucht nach dem Kriege, des sich mächtig entwickelnden Marxismus, sei es als Sozialismus, als Kommunismus oder als Bolschewismus. Unter dem Pontifikate Benedikts XV. begann die grausame und satanische Christenverfolgung in Rußland, die in den folgenden Jahrzehnten mehr als die Hälfte der Menschheit gottlosen Regierungen unterstellt hat. Benedikt XV. litt schwer unter diesen Folgen des Krieges und es war als ob er schon damals etwas geahnt hätte von den noch kommenden Kriegen und Christenverfolgungen, denn noch am Abend vor seinem Sterbetage sagte er klar und deutlich: »*Gerne opfern Wir unser Leben für den Frieden der Welt!*«[188]

[187] Schmidlin, Papstg. III. 51.   [188] Schmidlin, Papstg. III. 333.

105. *Fides intrepida. Unerschrockener Glaube. Pius XI.* (1929-1939). —
Aus drei Gründen dürfen wir behaupten, daß Pius XI. als *der Papst des
»unerschrockenen Glaubens«* in die Kirchengeschichte eingegangen ist. Zunächst war Pius XI. darauf bedacht, in der *Katholischen Aktion* die Laien als
Glaubensapostel in die den Priestern unzugänglichen Milieus zu senden. Die
Kath. Aktion soll ja nach Pius XI. darauf hinzielen, das gesamte gesell-
schaftliche, öffentliche Leben mit lebendigem Glaubensgeist zu durchdrin-
gen. Pius XI. hat als »Papst der Kath. Aktion« dieses Programm klar und
offen dargelegt in seinen beiden Rundschreiben Ubi arcano (23. Dez. 1922)
und Quas primas (11. Dez. 1925). Als liturgischen Ausdruck dieser Glaubens-
erneuerung im öffentlichen Leben setzte er für alle Zeiten das *Christkönigs-
fest* ein.

Zweitens bekundete Pius XI. seinen weltweiten G l a u b e n s e i f e r durch
Förderung der eingeborenen *Hierarchie in den Missionsländern.* Die alten
Kulturvölker des Ostens besitzen heute dank der Bemühungen des Missions-
papstes Pius X. Bischöfe und Priester aus ihren Ländern. So ward der
katholische Glaube in jenen Ländern festverankert, selbst wenn jene Länder
wegen politischer Umtriebe die europäischen Missionare verlieren sollten.

Und drittens war Pius XI. ein Papst »unerschrockenen Glaubens« weil er
mutig und unerschütterlich den hl. Glauben *gegen die Widersacher und
Christenverfolger* in Mexiko und Spanien, in Rußland und Deutschland ver-
teidigt hat. Selbst auf die Gefahr hin von den gottlosen Machthabern dieser
Länder verfolgt zu werden, blieb Pius XI. der kühne, stets zum Martyrium
bereite Nachfolger des Felsenapostels Petrus. Sehr zutreffend schrieb hierzu
eine katholische Tageszeitung, beim Tode Pius XI.:

»Unter Pius XI., mehr als unter anderen Päpsten, brach die wilde Furie des
Völker- und Klassenhasses und der Kirchen- und Glaubenshetze ihre Ketten.
Mehr als seit langem tobten die Pforten der Hölle und entfesselten Kräfte,
gegen die alle Ketzereien der neunzehn christlichen Jahrhunderte nur Schatten sind. Nie, seit Konstantin der Kirche die Freiheit gab, waren solche
Mächte aufgestanden, um es aufs Ganze des Christentums und der christlichen Kultur und Gesellschaft abzusehen . . . Da erschienen in rascher Folge
drei weltbewegende Dokumente christlichen, menschlichen und kulturellen
Inhalts: die drei Enzykliken gegen den gottlosen Kommunismus, gegen die
totalitären Kulturkampfmethoden und gegen die Verfolgung in Mexiko. Dokumente, die für ewige Zeiten festlegen und begründen, was Menschenrecht
und Menschenwürde ist, gegen alle äußere und innere Tyrannei. Und es war,
als ob seither die geistigen Kräfte des Papstes sich verzehnfacht hätten. Mit
einer Verachtung voller Ironie für alle menschliche Vorsicht und ärztliche
Besorgnis, ohne Rücksicht auf Schmerz und Atemnot, auf Herzkrisen und
Todesgefahr, ging er seiner Arbeit nach, erteilte Audienzen, leitete die Geschäfte der Weltkirche, hielt Pilgeransprachen und akademische Sitzungen,
verurteilte wiederholt die Rassenideen, widerstand den Diktatoren offen ins
Gesicht, zwang sie zum Teil zum Nachgeben und zur Vorsicht, verurteilte das
Kreuz, das ein anderes ist als das Kreuz Christi und das Rom überschwemm-

te, erhob sich zum Schirmherrn aller Gehetzten und Gehaßten, aller Verfolgten und Entrechteten und wurde so zum weithin leuchtenden Symbol der Gerechtigkeit, der Menschlichkeit und Menschenwürde, der Liebe und des Friedens, daß Christen und Juden in Verehrung zu ihm aufblickten, daß die Freidenker und früheren Kirchenhasser mit Achtung von ihm sprachen, daß Staatsmänner wie Roosevelt ihn die stärkste moralische Kraft der Welt nannten und daß solche wie Chamberlain und Halifax mit Tränen in den Augen seine Hand küßten. Und das alles in einem gebrochenen Körper und einer Welt gegenüber, die in der brutalen materiellen Macht den Grund ihres größten Stolzes sieht. Ein geistiger Riese, stand er vor der Menschheit selbst nur noch Geist, ein Hort und eine Garantie des Geistes vor dem Ungeist, vor der Unkultur . . . Ihm bebte nicht das Herz, auch vergötterten Machthabern dieser Welt mit ambrosianischer Kraft entgegenzutreten, wie er es in dem Konflikt über die Auslegung der Lateranverträge Mussolini gegenüber tat, als finstere Elemente des Faschismus schon die katholischen Vereinslokale in Rom plünderten und die päpstlichen Protestnoten beschlagnahmt wurden. Sogar im Angesichte der kommunistischen Weltgefahr überkam ihn nicht das Zagen und Verzagen. Pius XI. wuchs mit seinen Aufgaben und seinen Feinden. Ihm war das Große Bedürfnis, im Aufbau, aber auch im Kampf. Er ließ sich nicht von der Geschichte treiben, er machte sie. Die Kirchen- und zum Teil die Weltentwicklung des letzten Jahrzehnts trägt darum das Merkmal seiner Persönlichkeit. Und wenn es wahr ist, was einige sagen, daß unter anderem die katholische Aktion die Bedeutung einer Reform hat wie die der Cluniazenser im 12. Jahrhundert, wird man einmal mit dem Pontifikat Pius XI. eine neue Periode der Kirchengeschichte datieren können . . . Im Namen der katholischen Aktion stehen Tausende von Laienaposteln in den Fabriken und Bergwerken, in den Häfen und Hütten und überall wo religiöse Eroberungsgebiete sind, steht vor allem die herrliche katholische Jugend dort, und zwar in der Offensive, während sie früher im besten Fall ihre Positionen verteidigte. Der Aktionswille des Papstes zündete mit dynamischer Gewalt, und nicht wenige gingen mit dem Christus-König-Ruf auf den Lippen und im Dienst der katholischen Aktion ins Martyrium. Seit Jahrhunderten sah kein Pontifikat soviele und so heldenhafte Blutzeugen.«[189]

— *Fides intrepida« — »Unerschrockener Glaube«!* Es ist die entsprechende Bezeichnung für Pius XI. und für die Kirche seiner Zeit.

106. *Pastor angelicus. Engelreicher Hirt. Pius XII. (1939-1958).*

»Pastor = Hirt« nennt ihn der Seher. Wer vom Hirten spricht, denkt auch an die Herde. Einen Hirten können wir uns nur vorstellen, als von seinen Schäflein umringt. Nun hat es niemals einen Papst in der Kirchengeschichte gegeben, der von seinen Schäflein so umringt gewesen wäre wie Pius XII. In zahllosen Papstaudienzen vor allem im Heiligen Jahr 1950 und im Marienjahr 1954, sah der »engelreiche Hirte« unzählige Gläubige aus allen Weltteilen und aus allen Ländern um sich geschart. Wie oft hat sich in diesen Jahren das

---

[189]) Luxemburger Wort. 10. Febr. 1939.

grandiose Schauspiel wiederholt, daß der riesige Petersdom bis zum letzten Platz gefüllt war, während Pius XII. wie ein guter Hirt seinen Schäflein mit heiliger Redeglut in verschiedenen Sprachen das Wort Gottes predigte. Wie bezaubernd wirkte dann auf die begeisterte Menge die erhabene, fast himmlische Gestalt des »Heiligen Vaters«. Es lag etwas Engelhaftes in seinem Wesen, dessen unvergeßlichen Eindrucks man sich nicht entziehen konnte. Schon Schmidlin bewunderte gleich nach der Papstkrönung die engelgleiche Erscheinung Pius' XII., »seine hochgewachsene, unbewegliche u. doch elastische schlanke und hagere Figur, sein feines, blasses und durchscheinendes Gesicht und seinen hieratischen Blick mit den schwarzen, wie Diamant glänzenden Augen, verklärt im weißen Talar und starr unter der Tiara gleich einer Marmorstatue, seine aristokratische Hand und sonore Stimme.«[190]

»Engelgleich« nennt ihn der Seher auch, wegen seines heiligmäßigen sittenreinen Lebenswandels. Wer Pius XII. näher kannte, vor allem in seinem Privatleben, bewunderte seine tiefe Frömmigkeit und mystische Innerlichkeit. Dabei blieb Pius weltaufgeschlossen wie ein »Bote Gottes« für seine Zeit und voll mitleidiger Nächstenliebe für alle, die in Not und Elend sind. Wie die Erscheinung eines Engels stand Pius XII. im letzten Weltkrieg, gleich nach dem Bombenangriff auf Rom, inmitten der hart betroffenen Bevölkerung.

U.E. weist das Wort »angelicus« = »engelgleich« auch noch hin auf Pius' XII. Liebe zu Maria. Wer an die Engel denkt, denkt auch an die Königin der Engel und auch an jenen Engel, der als Erster das Ave-Maria sprach. Ist nicht Pius XII. mit diesem Engel zu vergleichen? Es hat zwar viele Marienverehrer unter den Päpsten gegeben, aber nie hat je ein Papst Maria so geliebt, so verehrt und so verherrlicht wie Pius XII. Die Proklamation des Dogmas von der leiblichen Aufnahme Mariens in den Himmel dürfte wohl der Höhepunkt seines Pontifikates genannt werden. Unvergeßlich bleiben auch die Marienfestlichkeiten des Marianischen Jahres und besonders die Krönung des römischen Gnadenbildes »Salus Populi Romani« sowie die Einsetzung des Festes »Maria Königin der Welt«. Pius XII. ist wie ein zweiter Erzengel Gabriel, der als »Bote Gottes« die Herrlichkeiten Mariens der Welt verkündet und Maria mit unvergeßlichen Ehren verherrlicht. War es nicht wie ein Echo aus Engelsmund, als über fast alle Sender der westlichen Welt zum Abschluß des Marianischen Jahres Pius XII. von seinem Krankenlager aus sein Ave-Maria, den »*englischen* Gruß«, mit himmlischer Innigkeit für die Gesamtkirche betete? Wohl jeder hat dabei an die Malachias-Worte denken müssen: »*Pastor angelicus*« = »*Engelgleicher Hirte*«! —

Ein helles Licht auf die Bezeichnung »Engelgleicher Hirte« werfen auch die Visionen des Papstes Pius XII. Einem Bericht des »Osservatore Romano« vom 18. November 1951 entsprechend schaute Papst Pius XII. an vier Tagen des Jahres 1950 — am 30. und 31. Oktober und am 1. und 8. November — in Rom das Sonnenwunder von Fatima. Dies laut einer Mitteilung des Kardinals

---

[190]) Schmidlin, Papstg. IV, 219.

Tedeschini. Ebenso berichtete der »Osservatore Romano« in seinem Leitartikel vom 11. Dezember 1955 (Nr. 287) von der Christus-Vision des Papstes. In der Nacht vom 2. Dezember 1954, da die Krankheit des Papstes ihren Höhepunkt erreichte, habe er das Gebet »Anima Christi« — »Die Seele Christi heilige mich« gebetet. Da habe er Christus an seinem Krankenbett gesehen und habe geglaubt, der Herr sei gekommen, ihn heimzuholen. So habe er sofort gebetet: »Jube me venire ad Te« — »Zu Dir zu kommen heiße mich!« Christus sei aber nicht gekommen, um ihn abzuberufen, sondern um ihn zu stärken. Der Papst sei bei all dem bei klarem Bewußtsein gewesen. Das Befinden des Papstes besserte sich seitdem entscheidend und er war bald wieder ganz genesen.

Papst Pius XII. starb am 9. Oktober 1956, als großer, heiligmäßiger Papst von der ganzen Welt betrauert. Seine feierliche Beisetzung in der Papstgruft von Sankt-Peter fand statt am 13. Oktober.

107. *Pastor et nauta. Hirt und Schiffer. Johannes XXIII.* (1958-1963) — Angelo Giuseppe Roncalli, 1881 im Dörflein Sotto-il-Monte bei Bergamo geboren, war von Natur aus ein »Pastor«, ein herzensguter Hirte für seine Herde. Trotz seiner diplomatischen Tätigkeit als Apostolischer Visitator von Bulgarien, als päpstlicher Legat von Istanbul und als Nuntius in Paris blieb er doch der einfache, demütige und schlichte Seelenhirte voll Güte und Sorge für alle, die ihm irgendwie nahestanden. Sein ehemaliger Sekretär Mons. Loris Capovilla sagte, bewundernswert sei bei Johannes XXIII. seine heitere Gelassenheit, seine ungewöhnliche Mitleidfähigkeit, sein Verzicht auf Rechthaberei, seine demütige Kraft des Verzeihens, sowie ein immenses Gerechtigkeitsgefühl ohne jeden Sinn für künstlich betonte Autorität.[191] Alles Eigenschaften, die einem »Pastor«, einem »guten Hirten« ziemen. Mit Recht hat deshalb auch Wilhelm Hünermann seine hervorragende Biographie von Papst Johannes XXIII. »Der Pfarrer der Welt« genannt. (Innsbruck, Tyrolia-V., 1969).

Auffallend ist auch, daß das »Allgemeine Konzil«, das Papst Johannes XXIII. am 11. Oktober 1962 eröffnete, kein Konzil zum »definieren und anemathisieren« sein sollte; es sollte vor allem ein *»Pastoral-Konzil«* sein — und ist es auch geworden.

»Nauta« = »Schiffer« erinnert zunächst an seine bischöfliche Tätigkeit als Patriarch von Venedig, der ganz vom Meer umgebenen Stadt der Kanäle und Gondeln, die in früheren Jahrhunderten das Monopol der Schiffahrt zum Orient besaß und die auch heute noch den zweitgrößten italienischen Handelshafen besitzt. Schon bei seiner Einführung als Patriarch geleitete die Bevölkerung der Lagungenstadt ihren neuen Oberhirten auf einer geschmückten Gondel durch die Kanäle zum Markusdom.

---

[191] Fgl. Gustav René Hocke, Er verstand die Gottlosen. Vor Seligsprechung Johannes XXIII. in »Geist und Leben« (N G Z am Sonntag) Sept. 1971.

Vor allem aber hat Johannes XXIII. als höchster Steuermann des Schiffleins Petri der Kirche einen *neuen Kurs* gegeben. Er versuchte, die Kirche weltaufgeschlossener, in gewissem Maße moderner, glaubwürdiger, zeitgemäßer zu gestalten. Allerdings ahnte er wohl noch nicht, welche verheerende Auswirkungen dieser neue Kurs haben würde. Auch in seinen Enzykliken wagte Johannes XXIII., der Kirche eine neue Richtung »in die Welt hinein« zu geben, so z.B. in seinem Rundschreiben »Mater et Magistra« (über soziale Probleme) und »Pacem in terris« (über eine neue politische Ordnung in der Welt).

Noch bevor das Konzil zu Ende war, ging Johannes XXIII. zu seinem »Guten Hirten« heim. Er starb am 3. Juli 1963. Alle Zeitungen rühmten seine Herzensgüte, seine eigenwillige Entschlußkraft und seine sympathische Popularität.

108. *Flos florum. Blume der Blumen. Klemens XV. Gegenpapst.* (1961 bis 1974) — Michel Collin, geb. 1905 zu Béchy (Ostfrankreich) legte 1929 seine ersten Gelübde ab im Orden der Priester des Heiligsten Herzens von St. Quentin und wurde am 13. Juli 1933 zum Priester geweiht. Er behauptete, schon am 29. April 1935 in einer Vision vom Herrn zum Bischof geweiht, am 7. Oktober 1950 auch in einer Vision zum Papst erkoren und am 25. März den Auftrag erhalten zu haben, als Klemens XV. öffentlich aufzutreten. Schon 1960 hatte er in Clémery bei Pont-à-Mousson seinen »Kleinen Vatikan« gegründet. Durch seine Schriften und Reisen warb er in Frankreich, Deutschland, Italien, Belgien, Holland und in der Schweiz um Anhänger.

Es mag überraschen, daß ausgerechnet für Klemens XV. das prophetische Wort von der »Blume der Blumen« gelten soll. Und doch dürfte es gerade für diesen französischen Herz-Jesu-Priester Klemens XV. passen. Die *Lilie,* die als die »Blume der Blumen« gilt, war nämlich seit jeher bezeichnend für die Wappen und Banner Frankreichs. Außerdem dürfte auch das Symbol der Blume, *so wie die Hl. Schrift es versteht,*[192] zutreffen auf diesen als gut und fromm geachteten Ordensmann, der diesen merkwürdigen Weg gegangen ist. So paßt auf ihn das häufig wiederkehrende Wort des Psalmisten und des Propheten Isaias von der »Blume«, die da blüht und doch schnell verwelkt (Ps. 103, 15; Is. 28, 1 u. 4; Is. 40, 6-8). — »Alles Fleisch ist Gras und all seine Schönheit wie die Blume des Feldes. Das Gras verdorrt, die Blume verwelkt, wenn Gottes Odem sie anweht!« (Is. 40, 6-7)[193]

109. *De medietate lunae. Vom Halbmond. Paul VI.* (1963 bis 1978) — Mit seltener Prägnanz trifft diese prophetische Bezeichnung für Papst Paul VI. zu. Zuerst fällt die Alliteration auf für seinen Namen »De medietate lunae« mit dem lateinischen Namen der Stadt, wo er Erzbischof war: Mediolanum (Mailand). Solche Alliterationen sind bezeichnend für die Malachias-Weissagung.

---

[192] Vgl. Adolf Heller, 200 biblische Symbole. Stuttgart, Paulus-V., 1982.

[193] Pater Collin (Klemens XV.) war selbst der Ansicht, er sei der »Flos florum« der Malachias-Weissagung.

Zweitens zeigte Paul VI. stets eine außergewöhnliche Sympathie für die Völker der arabischen Kultur, also für die Völker des Halb-Monds. Dies fiel geradezu auf bei seinen Reisen nach Palästina und nach Afrika. Als Ausdruck dieser Sympathie gab er am 29. Januar 1965 die am 7. Oktober 1571 bei der berühmten Schlacht von Lepanto eroberte Fahne, die fast 400 Jahre in der Basilika Maria-Maggiore aufbewahrt wurde, an die Türken zurück, — zum größten Entsetzen aller christlichen Staatsmänner Westeuropas, welche in dieser eroberten Fahne das Symbol der Einheit des christlichen Abendlandes gegenüber der arabischen Weltmacht sahen.

Drittens schenkte Paul VI. stets ein großes Interesse den Mondexpeditionen. Er forderte die Gläubigen auf, für die Astronauten zu beten und empfing sogar am 16. 10.69 mehrere »Mondbesucher« in Audienz. Von diesen ließ er sich anhand einer Mondlandkarte eingehend über die Mondfahrten unterrichten.

Und viertens versuchte Papst Paul VI. allen Strömungen in der Kirche gerecht zu werden. Trotz seiner guten Absicht, dadurch den Frieden und das Gleichgewicht in der Kirche zu erhalten, machte er gerade dadurch viele in der Kirche unsicher. Als traditionstreuer Papst veröffentlichte er seine Rundschreiben über die hl. Eucharistie, über das Zölibat der Priester und über die Ehe. Bemerkenswert ist auch sein umfassendes, glaubenstreues CREDO. Andererseits aber machte er auch den Progressisten und selbst den Modernisten so viele Zugeständnisse, — z.B. bei der Umgestaltung der Hl. Messe, für die Riten der heiligen Sakramente, betreffs der Untersuchungen und Darlegungen über die Hl. Schrift und bei der Auslegung der Dogmen, — daß die traditionstreuen Theologen und Gläubigen dagegen Einspruch erhoben. So war er den Fortschrittlichen zu traditionsgebunden, den Traditionsgebundenen dagegen zu fortschrittlich.

Diese nachgiebige und unsichere Einstellung des Papstes wirkte sich aus auf den Allgemeinzustand des Klerus und der Kirche. Vielleicht darf man sagen, daß die Kirche noch nie mit so vielen Irrtümern zu kämpfen gehabt hat, wie unter der Regierung dieses Papstes.

Dieser sich »anpassenden«, manchmal sogar schwankenden Einstellung Papst Pauls VI. entspricht die Bezeichnung »Vom Halbmond«, da das Licht des Mondes den Mondphasen entsprechend ändert. Freilich mag Papst Paul VI. auch selbst unter diesem Zustand gelitten und sein Leben als Opfer für die ihm anvertraute Kirche dem Herrn geschenkt haben. Er starb am 6. August 1978, am Feste der Verklärung des Herrn.

Bemerkenswert ist noch, daß das Wort »luna« in einer Papstbezeichnung hinweist auf einen Gegenpapst. Entweder ist der Papst, der diese Bezeichnung trägt, selbst der Gegenpapst (Vgl. Benedikt XIII.) oder aber es lebt während der Regierungszeit dieses Papstes ein Gegenpapst (Vgl. Felix V.). So weist auch hier dieses Wort »De medietate lunae« hin auf einen oder mehrere Gegenpäpste während der Regierungszeit von Papst Paul VI.

110. *De labore solis. Von der Sonnenfinsternis. Gregor XVII. (in Kanada).* *Gegenpapst.* (Seit 1968) — Der aus Kanada stammende, von Pater Collin (Klemens XV.) zum »Bischof« geweihte Ordensbruder Jean Gaston Tremblay erklärte sich auf Grund angeblich mystischer Erlebnisse vom »Kleinen Vatikan« in Clémery unabhängig und nannte sich Gregor XVII. Er residiert in seinem von ihm gegründeten etwa 300 Mitglieder zählenden Kloster in Saint-Jovite in Kanada (Pro. Québ.), wo er versucht, die traditionsgemäße Form des Ordenslebens durchzuführen. Durch Bücher und Zeitschriften bemüht er sich auch über sein Kloster hinaus in Kanada und in den U.S.A. Anhänger zu werben.

Die Bezeichnung »Von der Sonnenfinsternis«[194] dürfte aus drei Gründen für ihn stimmen. Erstens ist er der Weltöffentlichkeit fast unbekannt. Zweitens gab es tatsächlich dort, wo er sein Kloster gegründet hat, am 7. März 1970 das seltene Phänomen einer totalen Sonnenfinsternis. Und drittens ist über das Kloster in Saint-Jovite nicht ohne die Schuld »Gregors XVII.« eine geistige und moralische Finsternis hereingebrochen. Merkwürdig ist, daß dieser Gegenpapst sich auch selbst dieses Wort »De labore solis« beilegt.[195]

111. *Gloria olivae. Glorie des Ölbaumes. Gregor XVII. (in Spanien). Gegenpapst.* (Seit 1978) — Der vom ehemaligen vietnamesischen Erzbischof Pierre-Martin Ngo Dink Thuc zum Bischof geweihte Clemente Dominguez, auch Pater Fernando genannt, behauptet, daß er am 6. August 1978, also am Todestage Papst Pauls VI., in Santa Fe de Bogota (Kolumbien), wo er sich gerade auf einer Amerika-Reise befand, von Christus selbst zum Papst Gregor XVII. erkoren sei. Bei seiner Rückkehr nach Palmar de Troya bei Sevilla (Spanien) ernannte Clemente Dominguez sogleich seine Kardinäle und ließ sich von ihnen feierlich zum Papst krönen. Seitdem hat er bereits viele Dekrete, vor allem mit »Heiligsprechungen« verbreitet. Auffallend ist, daß er sich auch selbst »De gloria olivae« nennt. — Dem Originaltext der Weissagung entsprechend heißt es allerdings nicht »*De* gloria olivae«, sondern einfach »Gloria olivae«.

Es mag rätselhaft scheinen, warum dieser Gegenpapst diese Bezeichnung trägt. Oliva = Ölbaum könnte sich allerdings auf Spanien beziehen, da ja ganz Spanien wie ein Ölgarten ist. Auch wurde gesagt, Dominguez sei jüdischer Abstammung, der Ölbaum aber ist das Symbol Israels. — Aber was bedeutet hier »Gloria«? — Vielleicht müssen wir hier beachten, daß die lateinischen Wörterbücher das Wort Gloria zwar mit Ruhm und Ehre übersetzen, aber auch mit Ruhmsucht und Ehrgeiz.

Ohne Bezeichnung folgt nun *Papst Johannes-Paul I.* — Albino Luciani, geboren am 17. Oktober 1912 in Norditalien, Priester geweiht am 7. Juli 1935, 1958 in Rom zum Bischof geweiht, 1969 zum Patriarchen von Venedig er-

---

[194] Die meisten Erklärer der Malachias-Weissagung übersetzten »De labore solis« mit »Von der Mühe der Sonne«. Wenn dies auch die wörtliche Übersetzung ist, so ist doch die klassische Übersetzung dieser lateinischen Redewendung: »Von der Sonnenfinsternis«.

[195] Vgl. das in Saint-Jovite herausgegebene Buch »L'Eglise éclipsée«. 2. Aufl. 1971.

nannt, wurde nach einem der kürzesten Konklaven am 26. August 1978 zum Papst gewählt. Sein früher Tod am 29. September desselben Jahres überraschte die ganze Kirche und die ganze Welt. »Er war, — wie ein Schriftsteller sagt, — wie ein kurzes Lächeln, das der Welt zeigen sollte, daß der gute Heiland um sie weiß und seine noch treuen Kinder nicht vergessen hat. Aber die »Welt« war seiner nicht wert. Er wurde von Gott als Sühnopfer angenommen, damit der Hl. Geist seiner Kirche in noch größerem Maße gesandt werden kann.«

Er ist es, auf den die Prophezeihung des sogenannten Geheimnisses von La Salette bereits im Jahre 1846 hingewiesen hat. Die Mutter Gottes beschrieb schon damals die schwere Krise der Kirche unter der Regierung des Papstes Pauls VI. (ohne diesen mit Namen zu nennen) und fügte dann hinzu: »Der Heilige Vater wird viel leiden. Ich werde bei ihm sein bis zum Ende, um sein Opfer anzunehmen ... Aber weder er noch sein Nachfolger, *der nicht lange regieren wird,* werden den Triumph der Kirche Gottes sehen.« — Die hier unterstrichenen Worte hat Melanie, die Seherin von La Salette, in den Rand ihres Manuskriptes geschrieben.[196]

Vielleicht dürfte man aus diesem prophetischen Wort schließen, daß der Nachfolger von Papst Johannes-Paul I. den Triumph der Kirche erleben wird. Daß Johannes-Paul I. in der Malachias-Weissagung keine Bezeichnung hat, spricht durchaus nicht gegen seine Bedeutung als Papst. In der Lehninschen Weissagung werden ja auch drei hervorragende Hohenzoller-Fürsten, und zwar ein König und zwei Kaiser, schweigend übergangen.[197]

Die letzte Bezeichnung: In Persecutione. In der Verfolgung. Johannes-Paul II. (Seit 1978) — Ein Pole als Papst! Ein überraschendes Ergebnis der Papstwahl! Also ein Papst aus einem Land, in dem die katholische Kirche schon mehr als 30 Jahre unter dem Druck kommunistischer Herrschaft lebt und leidet. In persecutione! In der Verfolgung! Karol Wojtyla gilt als glaubenstreuer, gewissenhafter, energischer, frommer und kluger Mann, der bereit ist, für die Kirche und für Christus alles zu tragen und zu erdulden.

Geboren am 18. Mai 1920, empfing er 1946 die Priester- und 1958 die Bischofsweihe. 1964 wurde er zum Erzbischof von Krakau und 1967 zum Kardinal ernannt.

Wie die österreichische Zeitschrift »Wille und Wahrheit« vom 15. Dezember 1978 berichtet, habe der wundergewaltige Zeuge Gottes, Pater Pio, schon vor Jahren dem damaligen Bischof Wojtyla gesagt: »Nach einem kurzen Pontifikat wirst du Papst werden!«

Auch wurde bekannt, daß Pater Ladislas Markiewicz, der gegen Ende des 19. Jahrhunderts in Polen eine Genossenschaft unter dem Namen des hl.

---

[196] Siehe: Pour servir à l'Histoire réelle de la Salette. Documents. I. Vol. Paris, Nouvelles Editions Latines, 1963. S. 76.
[197] Vgl. Robert Ernst, Die Lehninsche Weissagung. 3. Aufl. Eupen, Markus-Verlag, 1979.

Erzengels Michael gegründet hat, prophezeite, daß ein Pole eines Tages ein großer Papst werde.[198]

Aber sehen wir uns nun genau an, was die Malachias-Weissagung von ihm aussagt: Es heißt da für den letzten der Päpste:

»In pecutione. extrema S.R.E sedebit.
Petrus Romanus, qui pascet oves in multis tribulationibus: quibus transactis civitas septicollis diruetur, et Judex tremendus iudicabit populum suum. Finis.«

Zu deutsch: »In der Verfolgung (der) äußersten der Hl. Römischen Kirche wird (er) sitzen.
Petrus ein Römer, wird die Schafe unter vielen Bedrängnissen weiden. Wenn diese vorüber sind, wird die Siebenhügelstadt zerstört werden und der furchtbare Richter wird sein Volk richten. Ende.«

Dann folgt noch die Bemerkung, daß der Dominikaner Alfons Ciacconius (Chacon) gewisse Erklärungen manchen Papstbezeichnungen beigefügt hat. Diese kurzen Erklärungen von Pater Chacon gelten für die Päpste vor 1595, aber auch für den letzten Papst, den Pater Chacon »Petrus Romanus« nennt. Daß diese Bemerkung »Petrus Romanus etc.« von P. Chacon hinzugefügt worden ist, verraten schon die Satzzeichen. Die eigentliche Prophezeiung von Malachias kennt als Satzzeichen *nur Punkte;* die beigefügten Sätze aber weisen auch Kommas und Doppelpunkte auf, wie es zur Zeit von P. Chacon üblich wurde.[199]

Die Bezeichnung für den »Letzten Papst« lautet also nur: *In pecutione. extrema S.E.R. sedebit.*

Manche glauben, das abgekürzte Wort »*pecutione*« könnte auch »in *prosecutione*« = in der Folgezeit heißen. Diese Deutung ist aber so fremdartig, daß wir lieber die geläufige Übersetzung nehmen: in pecutione = in der *Verfolgung.* — Wichtig sind auch die Punkte nach den Worten *pecutione* und *sedebit.* Sie zeigen an, daß nach »pecutione« die Papstbezeichnung in gewissem Sinne abgeschlossen, und nach »sedebit« der Satz zu Ende ist. Man fragt sich dann allerdings, welches das Subjekt des Satzes ist. Und doch scheint uns die Lösung einfach. U.E. muß der Satz so entschlüsselt werden: Papa (Subjekt!) nomine »In persecutione« sedebit in persecutione extrema Sanctae Romanae Ecclesiae. Übersetzt: *Der Papst mit dem Namen »In der Verfolgung« wird regieren (bzw. durchhalten, ausharren) in der äußersten Verfolgungszeit der Heiligen Römischen Kirche.* — Das lateinische Wort »sedere« heißt nämlich nicht nur »sitzen« sondern auch *durchhalten* und *ausharren.*

---

[198]) Vgl. »Actualités« Nr. 33. Brüssel. Jan. 1979. S. 15.
[199]) Siehe hierzu den Beitrag über die Malachias-Weissagung von Rechtsanwalt Victor Dehin in der »Meuse«, Lüttich, 1967.

Gott weiß, was Papst Karola Wojtyla noch zu erdulden und zu leiden hat! Wahrscheinlich hat er selbst schon eine diesbezügliche Vorahnung oder Prophezeiung. Ergreifend waren jedenfalls seine Worte, die er bereits bei seiner ersten Ansprache an die Kardinäle richtete. Er erinnerte an den Martyrtod des englischen Kardinals, des hl. Johannes Fisher († 22.6.1535), und fügte hinzu, die rote Kleidung der Kardinäle bedeute das Blut, das sie zu vergießen bereit sein sollen für den Herrn Jesus Christus![200]

Viele Prophezeiungen, nicht zuletzt das Geheimnis von La Salette, sprechen von bevorstehenden großen Verfolgungen in Italien und in vielen Ländern Europas. Bekannt ist auch die alte Prophezeiung, daß ein Papst über die Leichen seiner Kardinäle und Priester hinweg aus Rom fliehen muß. Zu dieser Flucht des Papstes heißt es im alten prophetischen »Lied von der Linde«: »Rom zerhaut wie Vieh die Priesterschar; / schonet nicht den Greis im Silberhaar. / Über Leichen muß der höchste flieh'n / und verfolgt von Ort zu Orte zieh'n. / Gottverlassen scheint er, ist es nicht, / felsenfest im Glauben, treu der Pflicht, / bringt den Gottesstreit vors nah' Gericht!«

Wenn Johannes-Paul II. der »letzte Papst« ist, so muß auch auf ihn zutreffen, was der hl. Don Bosco († 1888) in einer Traum-Vision geschaut hat.

Don Bosco sah am 30. Mai 1862 in dieser Traum-Vision auf einer weiten Meeresfläche eine große Menge kampfbereiter Schiffe, die mit vielen Angriffswaffen ausgerüstet waren und auf ein großes, schönes Schiff, das von kleinen Schiffen umringt war, zusteuerten. Die feindliche Flotte versuchte, das große Schiff mit seinen Begleitschiffen zu vernichten. Dann sah Don Bosco aus dem Meere in geringer Entfernung voneinander zwei Säulen ragen; auf der einen stand eine Statue der unbefleckten Jungfrau, auf der anderen eine große Heilige Hostie.

Der Oberbefehlshaber des großen Schiffes ist der Papst. Er steht am Bug und versucht, die Lage zu meistern. Aber es gelingt ihm nicht. Er bricht schwer getroffen zusammen. Aber schon steht er (oder ein neuer Papst?) wieder am Bug des Schiffes. Jedoch wird er zum zweiten Male getroffen; er fällt und stirbt. Allein schon tritt (wieder) ein anderer Papst an seine Stelle. Nun schwindet den Gegnern der Mut. Der neue Papst führt, jedes Hindernis überwindend, sein Schiff zu den zwei Säulen und verankert es fest an diesen Säulen des Allerheiligsten Sakramentes und der allerheiligsten Jungfrau. Jetzt tritt der große Umschwung ein. Alle gegnerischen Schiffe fliehen, geraten in Verwirrung und viele versinken. Die treuen Begleitschiffe gehen auch bei den Säulen vor Anker. Und sogar manche fliehende Schiffe kehren zurück und gesellen sich den guten bei. Auf dem Meer herrscht jetzt eine große Ruhe. Soweit diese Schau.[201]

Ohne Übertreibung dürfen wir sagen, daß Papst Johannes-Paul II. dieser Vision entspricht. Er ist der Papst der die Hl. Kirche in der Verehrung des

---

[200] »Actualités« a.a.O. S. 2.
[201] Diese Schau ist ausführlich wiedergegeben in: Jos. Eller, Prophezeiungen über die Zukunft der Menschheit. Eine Textsammlung. Bd. II. S. 27 ff.

Allerheiligsten Sakramentes und auch in der Verehrung der allerheiligsten Jungfrau Maria verankern wird. Tief innerlich ist seine Andacht zu Christus in der Hl. Eucharistie und unerschütterlich sein Vertrauen zu Maria. So z.B. wollte er, daß der Buchstabe M in seinem Wappen hindeute auf MARIA. Auch wies er schon in seiner ersten Ansprache als Papst auf seine Liebe zu Maria hin.

Ist Johannes-Paul II. der letzte Papst, dann gilt auch ihm die Vision der gottseligen Katharina Emmerich, die ihr am 27. Dezember 1819 zuteil wurde. Sie beschreibt sie, wie folgt:

»Ich sah die Peterskirche und eine ungeheuere Menge Menschen, welche beschäftigt waren, sie niederzureißen; aber auch andere, welche wieder an ihr herstellten. Es zogen sich Linien von handlangenden Arbeitern durch die ganze Welt, und ich wunderte mich über den Zusammenhang. Die Abbrechenden rissen ganze Stücke hinweg, es waren viele Sektierer und Abtrünnige dabei. Wie nach Vorschrift und Regel aber rissen Leute ab, welche weiße, mit blauem Bande eingefaßte Schürzen mit Taschen trugen und Kellen im Gürtel stecken hatten. Sie hatten sonst Kleider aller Art an, und es waren ... vornehme Leute mit Uniformen und Sternen dabei, welche aber nicht selbst arbeiteten, sondern mit der Kelle nur an den Mauern Stellen anzeichneten, wo und wie abgebrochen werden sollte. Zu meinem Entsetzen waren auch katholische Priester dabei ... Den Papst sah ich betend und von falschen Freunden umgeben, die oft das Gegenteil von dem taten, was er anordnete ... Schon war der ganze Vorderteil der Kirche herunter, und nur das Allerheiligste stand noch ... Da erblickte ich eine majestätische Frau über den großen Platz vor der Kirche wandeln. Ihren weiten Mantel hatte die auf beide Arme gefaßt und schwebte leise in die Höhe. Sie stand auf der Kuppel und breitete weit über den ganzen Raum der Kirche ihren Mantel, der wie von Golde strahlte ... Nun sah ich einen **neuen Papst** mit einer Prozession kommen. **Er war jünger und viel strenger als der vorige.** Man empfing ihn mit großer Feierlichkeit ... Es sollte ein doppeltes, großes Kirchenfest sein: ein allgemeines Jubiläum und die Herstellung der Kirche. Ehe der Papst das Fest begann, hatte er schon seine Leute vorbereitet, welche aus den Versammelten ganz ohne Widerspruch eine Menge vornehmer und geringer Geistlicher ausstießen und forttaten. Und ich sah, daß die mit Grimm und Murren die Versammlung verließen. Und er nahm sich ganz andere Leute in seinen Dienst, geistliche und auch weltliche. Dann begann die große Feierlichkeit in der St. Peterskirche.«[202]

Auch diese Prophezeiung dürfte für Papst Johannes-Paul II. stimmen; denn gewiß ist er »jünger und viel strenger als der vorige«.

Zum Abschluß sei noch ein Wort der großen römischen Mystikerin, der hl. Anna Maria Taigi († 1837) erwähnt, das der Herr zu ihr gesprochen:

---

[202] Siehe: Joh. M. Höcht, Träger der Wundmale Chisti. 2. Bd. Wiesbaden, Credo-Verlag, 1952. Ss. 132 - 133.

»Ich halte die Erde mit meinen beiden Händen und werde das Menschengeschlecht sieben, um es gereinigt zu den Füßen meines Statthalters niederzulegen. Und alle Menschen werden ihre Augen auf meinen Statthalter richten, der nicht länger auf dem Throne, sondern am Fuß meines Kreuzes sitzen wird. Und alle werden sich zu ihm niederbeugen und sagen: »Dieser ist wahrhaft unser Befreier, der Statthalter desjenigen, der uns erlöst hat.« Alle Nationen werden mein Gesetz anerkennen und es wird ein Hirt und eine Herde werden.«[203]

Nun mag viele noch die bange Frage bedrängen: Wenn Johannes-Paul II. der »letzte Papst« ist, was dann? — Nun dann beginnt eine neue Zeit, eine neue Phase des Gottesreiches. Der HERR wird Sich offenbaren und die neue Zeit einleiten. Er wird die neue Ordnung begründen und den Seinen nahe sein.[204]

[203] Aus »Loderndes Feuer ringsum« von Johannes. 4. Aufl. Alsatia-Verlag, Colmar.
[204] Siehe hierzu: R. Ernst, Das Gottesreich gestern, heute und morgen, Markus-Verlag, 1981.

III.
Was ist von der
Malachias-Weissagung zu halten?

Nach dem Kommentar der Weissagung wäre es eigentlich überflüssig, die Frage um die Echtheit dieser Weissagung zu stellen. Fast alle Papstbezeichnungen, sowohl vor wie nach 1590 sind so scharf auf den jeweiligen Papst geprägt, daß es uns verwegen scheint, die Echtheit überhaupt in Frage zu stellen. Die meisten Papstbezeichnungen weisen mit einer Prägnanz auf *das Wesentlichste* des betreffenden Pontifikates hin, daß man staunen muß über die geniale ·Treffsicherheit dieser Prophezeiung. Freilich sind einige Bezeichnungen weniger klar. Es ist übrigens auch gar nicht erfordert, daß jedes Papstwort eine Zusammenfassung des jeweiligen Pontifikates darstellt; denn die Malachias-Weissagung will keine Papstgeschichte sein; sie will nur die Liste der Päpste geben und darauf hinweisen, daß die Geschichte der römischen Päpste noch lange dauern oder ihrem Ende nahe sei.

Merkwürdig ist, daß die Malachias-Weissagung sich dem Zeitgeist anpaßt. Für die Zeit, wo die Familienwappen und die Familiengeschlechter eine große Rolle im öffentlichen Leben spielten, enthalten die entsprechenden Papstweissagungen sehr oft eine Anspielung auf das Familienwappen oder den Familiennamen; jedoch finden sich Hinweise auf Wappen und Herkunft auch bei einigen der letzten Päpste vor. Für die Zeit der Renaissance holt der Seher manchmal sogar mythologische Namen heran. Fast immer aber werfen die Bezeichnungen Licht auf *die wichtigsten Ereignisse* unter dem Pontifikate des betreffenden Papstes. Um dies zu beweisen, haben wir mit Absicht aus mehreren Papstgeschichten die diesbezüglichen Angaben und Berichte wörtlich übernommen. Es kann uns also nicht der Vorwurf gemacht werden, wir hätten die Ereignisse aus dem Leben der einzelnen Päpste zurechtgebogen, um die Erfüllung der Malachias-Weissagung zu beweisen. Vor allem sind es Freiherr von Pastor und Dr. Franz Seppelt, die — ohne es zu wollen — durch ihre eingehende, objektive Papstgeschichte, die Echtheit der Malachias-Weissagung bewiesen haben. Es wäre deshalb erwünscht, daß in einer Neuausgabe der Papstgeschichte von Dr. Seppelt die unwissenschaftliche Bemerkung über die Malachias-Weissagung, sie sei eine *wirre und geistlose Fälschung,*[205] gestrichen würde. Wer je versucht hat, sich in die einzelnen Papstbezeichnungen zu vertiefen, wird niemals eine Behauptung wie diese aufstellen. U.E. setzten die Papstbezeichnungen der Malachias-Weissagung eine solche geniale Geschichtskenntnis voraus, daß wir ihren Ursprung natürlicherweise nicht erklären können.

---

[205] Seppelt, ebd. 236.

Man mag vielleicht sagen, es sei nicht ausgeschlossen, daß die Malachias-Weissagung manchmal die Papstwahl beeinflußt habe und daher die Erfüllung mancher Malachias-Worte auch den wählenden Kardinälen zu verdanken wäre. Diese Behauptung ist aus der Luft gegriffen, denn es ist uns kein Fall bekannt, wo die Kenntnis der Malachias-Weissagung die Kardinäle irgendwie bei der Papstwahl beeinflußt hätte.

Übrigens sind die Papstbezeichnungen fast aller Päpste so sinnreich und vielseitig , daß eine systematische Papstwahlbeeinflussung durch die Malachias-Weissagung nicht annehmbar wäre.

IV.
Einwendungen gegen die Malachias-Weissagung

Wie jede Privatoffenbarung und übernatürliche Weissagung, so ist auch die Malachias-Weissagung des öfteren angegriffen worden. Bereits im Jahre 1663 erhob Carrière seine Stimme gegen die Echtheit der Weissagung, und Pater Papebroch S.J. schloß sich wenige Jahre später dieser Kritik an.

Gegen Ende des XVII. Jahrhunderts glaubt Pater Menestrier die Fälschung der Papstweissagung durch seine Hypothese über das Konklave vor der Wahl Gregors XIV., worauf wir gleich noch zurückkommen, auf 1590 datieren zu können. In neuester Zeit haben Dr. Schmidlin in der bereits oben erwähnten »Festgabe Heinrich Finke«, und L. Cristiani im »Ami du Clergé« (26. Okt. 1950) die Echtheit der Malachiasprophezeiung mit pseudowissenschaftlichen Beweisen angegriffen.[206]

Bevor wir jedoch auf die Einwendungen näher eingehen, scheint es uns angebracht, das Leben des hl. Bischof Malachias, des Verfassers der Prophezeiung, kurz darzulegen.

Der hl. Malachias wurde 1094 von tieffrommen Eltern zu Armagh (Ulster) in Irland geboren. Vom heiligmäßigen Einsiedler Imarus erzogen und zum Empfang der heiligen Weihen vorbereitet, empfing er die hl. Priesterweihe von Erzbischof Celsus von Armagh. Mit heiligem Eifer widmete er sich der Seelsorge und wurde bald Abt des Klosters Bangor. Wegen seines heiligmäßigen Lebenswandels und seiner Wundergabe, wurde Malachias zum Bischof von Connerth geweiht. Da diese Stadt aber vom König von Ulster erobert und zerstört wurde, floh Malachias mit 120 Mönchen und gründete das Kloster von Ibrach. — Als Erzbischof Celsus von Armagh sein Ende herannahen fühlte, bestimmte er Malachias zu seinem Nachfolger. Mit schwerem Herzen übernahm Malachias diese Bürde. Unruhen und Rivalitäten entzweiten sein Bistum. Endlich als der Friede hergestellt war, teilte er die Diözese von Armagh in zwei Diözesen und blieb selbst Bischof von Down. *1139 reiste Malachias nach Rom,* um mit *Papst Innozenz II.* die kirchliche Lage von Irland zu besprechen und zu regeln. Innozenz II. empfing Malachias wie einen Himmelsboten und bat ihn, noch einige Zeit in Rom zu bleiben. Innozenz selbst war von seinen Gegnern hart bedrängt und fand beim heiligmäßigen Bischof Malachias Trost und Stütze. Bei dieser Gelegenheit könnte Malachias ihm die Papstweissagung anvertraut haben. Der Papst ernannte Malachias zum päpstlichen Gesandten von Irland. Auf dieser Reise besuchte

---

[206] Ausführliche Literaturangaben über positive und negative Werke zur Papstweissagung bei Jos. Maitre, La Prophétie des Papes. Beaune, 1901.

Malachias auch Bernhard von Clairvaux, mit dem er sich sehr anfreundete. Neun Jahre später kam Malachias wieder nach Frankreich, um als päpstlicher Gesandter den damals in Frankreich weilenden Papst Eugen III. aufzusuchen. Der hl. Bischof kam aber nur bis Clairvaux. Im Kloster seines Freundes Bernhard erkrankte er und starb dort im 54. Lebensjahre am 2. November 1148. Bernhard von Clairvaux betrauerte ihn sehr, dankte aber Gott, daß sein Kloster die große Ehre habe, den Leichnam des heiligen Wundertäters und Propheten Malachias hüten zu dürfen.

Bernhard verfaßte auch eine Lebensgeschichte des hl. Malachias, in der er die großen Tugenden und Taten seines Freundes voll Begeisterung schildert.[207] In bewegten Worten spricht er darin auch von dem Seherblick des gotterleuchteten Bischofs und führt einige seiner Weissagungen an. Alle Offenbarungen des hl. Bischofs Malachias, schreibt Bernhard, würden ehrfurchtsvoll aufbewahrt und der Nachwelt überliefert.[208]

Auch hielt S. Bernhard zwei herrliche Predigten über den Heimgang seines bischöflichen Freundes. Er erzählt darin von den Wundern, die Malachias gewirkt hat, von seinem apostolischen Eifer, von seinem Gebetsgeist und von seiner Liebe für die Armen. Daß Malachias gerade in Clairvaux sterben sollte, deutet St. Berhard als ein Zeichen des Himmels, »daß dieser Ort entweder Gott angenehm ist, oder daß Gott ihn sich wohlgefällig machen will, da er einen Mann von solcher Heiligkeit von den Enden der Erde hierher führte, damit er bei uns stürbe und begraben würde.« St. Bernhard schildert den hl. Malachias als einen innerlichen, beschaulichen Menschen. »Blieb ihm manchmal Zeit, da er frei war von der Sorge für die Nöten seines Volkes, so war sie doch nicht frei von heiligen Betrachtungen, eifrigen Gebeten und ruhiger Beschaulichkeit. Zur Zeit der Muße sprach er nur von ernsten Dingen oder gar nichts.« Am Ende seiner zweiten Predigt ruft St. Bernhard aus: »Sei uns, wir bitten dich, hl. Malachias, ein zweiter Moses oder ein zweiter Elias, indem du auch uns von deinem Geiste mitteilst. Du bist ja in ihrem Geiste und in ihrer Kraft gekommen . . . Laß uns dein Licht und deine Wonne genießen!«[209]

Diese Angaben über das Leben des hl. Malachias schienen uns wichtig, um die Einwendungen gegen die Echtheit der Papstweissagung widerlegen zu können.

*

1. Einwand. Vor 1595 finden wir keine Niederschrift, ja sogar keine Erwähnung dieser Prophezeiung, die angeblich im Jahre 1139 verfaßt sein soll.

---

[207] S. Bernardi Abbatis liber de vita et rebus gestis S. Malachiae Hiberniae Episcopi. Migne. P.L. 182 (S. Bernardi I.) 1073 - 1118.

[208] »Quaecumque demum promulgaverit, tanquam coelitus edita acceptantur, tenentur, scripta mandantur ad memoriam posterorum.«

[209] Die Schriften des honigfließenden Lehrers Bernhard von Clairvaux. Nach der Übertragung v. Dr. M. Agnes Wolters S.O.Cist., herausgegeben von der Abtei Mehrerau durch Dr. P. Eberhard Friedrich III. Bd. Wittlich, Verl. G. Fischer, 1935, S. 211 - 224.

»Weder die Geschichtsschreiber und Literaten des 12. Jahrhunderts, in welchem der irische Seher eine so wichtige Rolle spielte, noch die Landsleute des verehrten Heiligen, die so eifrige Hagiographen waren und so gewissenhaft die Wunder ihrer Heimat aufzeichneten, noch die Gelehrten und Historiker der Folgezeit bis auf Baronius und seine Fortsetzer, berühren auch nur mit der leisesten Andeutung unsere geheimnisvolle Apokalypse . . . Eine Stimme wenigstens hätte unbedingt sprechen sollen, die des hl. Bernhard, der so viel erbauliche Schriften verfaßt hat und mit seinem Zeitgenossen Malachias O' Morgair eine so große Geistesverwandtschaft aufweist.«[210]

Wir geben zu, dieses Schweigen über die Prophezeiung von 1139 bis 1595 ist recht merkwürdig, aber doch verständlich, wenn wir annehmen, daß die Prophezeiung zunächst nur für den Papst bestimmt war. Papst Innozenz II. bedurfte ja sehr des Trostes. Gewählt 1130, mußte er schon bald vor seinem Gegenpapst Anaklet II. (1130-1138) nach Frankreich fliehen. 1136 wurde er von Kaiser Lothar nach Rom zurückgeführt, wo er unter großen Schwierigkeiten 1139 die 10. allgem. Kirchenversammlung hielt. Innozenz II. hatte im hl. Bernhard einen mächtigen Verteidiger seiner Rechte und einen guten Freund gefunden. Bernhard selbst war von der mißlichen Lage der Kirche aber aufs tiefste erschüttert, so daß er der Ansicht war, das Ende der Welt stehe nahe bevor. Selbst zu Beginn seiner Malachias-Biographie spricht er diese Auffassung aus. Daß Bernhard diesen Parusiegedanken oft zum Ausdruck brachte, war ja an sich nicht gefährlich und auch nicht glaubenswidrig; im Gegenteil, die Parusieerwartung gehört zum Wesen des Christentums. Wenn aber der Hl. Vater, Innozenz II. diese Ansicht, das Ende der Welt stehe nahe bevor, öffentlich verkündigt hätte, so hätte dies bedauerlichere Folgen haben können. Deshalb dürfen wir annehmen, daß Christus seinen Stellvertreter Innozenz II. (und auch die folgenden Päpste) vor diesem Irrtum schützen wollte durch die ihm allein anvertraute Liste der 111 noch kommenden Päpste.

Daß diese Papstweissagung geheim bleiben sollte, wundert uns nicht, wenn wir bedenken, daß auch in neuerer Zeit Weissagungen, auf Geheiß Christi oder der Mutter Gottes, *als Geheimnis dem Hl. Vater* mitgeteilt werden mußten. Denken wir z.B. an die Weissagungen von La Salette und von Fatima. Auch ist allgemein bekannt, daß im Vatikan Geheimnisse gewahrt werden können. Jeder, der irgendwie mit dem Vatikan, oder mit dem Hl. Offizium in nähere Verbindung getreten ist, weiß dies zu bestätigen.

War diese Prophezeiung nur für den Hl. Vater bestimmt, so durfte sie weder den Geschichtsschreibern des 12. Jahrhunderts, noch Bernhard von Clairvaux bekannt werden.

*

2. *Einwand.* — Wie könnte Gott einem Propheten eine Liste der noch kommenden Päpste eingeben, in der auch die Gegenpäpste verzeichnet sind! Wäre dies nicht eine Anerkennung der Schismatiker? —

[210]) Schmidlin, Papstweissagung, S. 15 - 16.

Prof. Franz Spirago antwortet hierauf treffend: »Die Weissagung kündet Ereignisse im voraus an und zu diesen Ereignissen gehört auch das Schisma; dieses wird sogar als solches gekennzeichnet in Nr. 36 (Corvus schismaticus) und Nr. 44 (Schisma Barchinonicum). Wenn diese Gegenpäpste — woran sich manche stoßen — den rechtmäßigen Päpsten vorangestellt sind, so ist das auch ganz in der Ordnung, weil bei Einreihung der Gegenpäpste nach den rechtmäßigen Päpsten die Nachfolger dieser als Nachfolger der Scheinpäpste erschienen wären. Wenn die Weissagung . . . insbesondere auch den Zweck hat, zu zeigen, daß ein allwissendes Wesen existiert, so erfüllt sie durch Anführung auch der Gegenpäpste diesen Zweck umso drastischer. Wäre die Weissagung als Richtschnur für die Kardinäle geschrieben worden, dann hätten Gegenpäpste durch Sprüche nicht angedeutet werden dürfen. Doch haben Weissagungen nie den Zweck, den freien Willen der Menschen, daher auch nicht die Papstwahl zu beeinflussen.«[211]

3. Einwand. — Viele Denksprüche sind so unklar, daß sie auf mehrere Päpste gedeutet werden können.

Gewiß, die Malachias-Weissagung ist ja auch kein Geschichtsbuch. Aber auffallend ist, daß viele Denksprüche so eindeutig sind, daß sie nur auf einen Papst passen. Wir haben oben bei der Erklärung der einzelnen Denksprüche genügend den Beweis dazu erbracht.

4. Einwand. — Pater Ménestrier S.J. († 1705 zu Paris) hat die Behauptung aufgestellt, die Malachias-Weissagung sei *im Konklave Gregors XIV. 1590 zu Gunsten des Kardinals Simoncelli aus Orvieto* hergestellt worden, um die Wahl Simoncellis zu sichern. Der Nachfolger Papst Urbans VII. ist nämlich gekennzeichnet mit dem Spruche »Ex antiquitate urbis«, was mit Orvieto gleichbedeutend ist.

Diese Behauptung ist nicht haltbar. Sogar Schmidlin sagt hierzu: »Simoncellis Hereinbeziehung beruht nur auf einer geistvollen Hypothese des P. Ménestrier, die jeden positiven Anhaltspunkt entbehrt. Simoncelli war allerdings der älteste unter den Wählern, ein Großonkel des Papstes Julius III. und hatte schon an der Erhebung von 7 Päpsten teilgenommen. Aber weder die Avisi, noch die Gesandtschaftsberichte, noch die Konklaveschriften wissen etwas von einer Kandidatur des alten Mannes, er kam sicher in keinem der vier der so rasch aufeinander folgenden Konklaven ernstlich in Betracht. Einstimmig wird er als frei von jedem ehrgeizigen Streben geschildert. Er hätte also wohl nie einen so wissentlichen Betrug geduldet. Auch hätte dann Wion das Dokument 1595, nachdem des Simoncelli Wahl mißlungen war, wohl nicht gedruckt. Überhaupt möchten wir mit Maitre bezweifeln, ob eine so weit ausholende Schrift, deren Herstellung doch bis zu einem bestimmten Grade sorgfältiges historisches Studium verlangte, während der rasch wechselnden Debatten eines Konklaves übers Knie gebrochen werden konnte.«[212]

[211] Spirago, ebd. 28 - 29.   [212] Schmidlin, Papstweissagung, 33.

5. Einwand. — Manche Redewendungen verraten die Renaissancezeit, z.B. Fructus Jovis juvabit, Esculapii pharmacum. Manche setzen auch voraus, daß der Verfasser die italienische Sprache beherrschte.

Als Antwort dürfte man mit Joseph Maître darauf hinweisen, daß die Redewendungen, die Ausdrucksformen und die Symbole der Denksprüche noch weit mehr den Geist des Mittelalters offenbaren als den der Renaissancezeit.[213] — Und warum soll Malachias nicht genügend italienisch gekonnt haben, um einige italienische Ausdrucksformen einzufügen? — Übrigens waren die in der Malachias-Weissagung vorkommenden Namen aus dem heidnischen Altertum jedem Lateinkenner auch vor der Renaissance geläufig. —

6. Einwand. — Es kann nicht der Wille Gottes sein, den freien Willen der Kardinäle bei der Papstwahl zu beeinflussen. Dies wäre jedoch der Fall, wenn diese Prophezeiung echt wäre.

Meistens sieht man erst nach der Papstwahl, ja oft sogar erst beim Lebensende des Papstes, wieweit der entsprechende Denkspruch in Erfüllung gegangen ist. — Und wenn wirklich Gott bei einer Papstwahl durch ein prophetisches Wort auf einen Kandidaten hinweisen würde, wäre dies etwa mit seiner Weisheit und Vorsehung unvereinbar? Wir müßten dann noch mehr darüber staunen, daß gerade unter den Wahlkandidaten e i n e r wäre, der den Anforderungen der Prophezeiung entspräche. Würde nicht gerade so Gottes weise Vorsehung und Gottes Allwissenheit sich kundtun? —

7. Einwand. — Der Herr hat ausdrücklich gesagt (Mt. XXIV, 36; Apg. I, 7), man wisse weder den Tag noch die Stunde, da Er wiederkomme. Wäre aber die Papstprophezeiung echt, so wäre es möglich, die Zeit seiner Wiederkunft annähernd zu berechnen.

Wir antworten mit einem anderen Herrenwort, darin der Herr uns auffordert, in freudiger Zuversicht aufzuschauen, wenn die Zeichen seiner Wiederkunft sichtbar werden. Tag und Stunde soll uns zwar verborgen bleiben, nicht aber, daß die Zeit seiner Ankunft »nahe vor der Türe ist«.

Übrigens zeigt die Papstprophezeiung tatsächlich nur annähernd an, daß die Zeit der Wiederkunft des Herrn bevorsteht. Denn[214]

---

[213] »Le style semble trahir un contemporain de S. Bernard plutôt qu'un écrivain du seizième siècle. Les figures et les images, les emblèmes mystérieux fondés sur le sens biblique des mots que nous y rencontrons, rappellent les tendances mystiques et foncièrement chrétiennes du douzième siècle. Le symbolisme constant des Légendes nous fait songer au commentaire du saint abbé de Clairvaux, ami de Malachie, sur le Cantique des Cantiques. — Les incorrections même de langage qui se remarquent en certaines légendes s'expliquent facilement à cette époque du moyen âge; au contraire, après la Renaissance du commencement du seizième siècle, qui avait développé le goût et la recherche d'une forme plus élégante. Elle trouveraient plus difficilement leur justification.« (Jos. Maitre, La Prophétie des Papes Beaune, Loireau 1901. p. 181).

[214] Dies wurde schon geschrieben in der ersten Auflage im Jahre 1955.

1. ist die Regierungsdauer der Päpste ganz ungewiß. Ein Papst kann mehrere Jahrzehnte regieren, oder nur einige Tage (z.B. zur Zeit blutiger Verfolgungen);

2. ist auch nicht ausgeschlossen, daß der eine oder andere Denkspruch noch kommender Päpste einen Gegenpapst bezeichnen könnte. In diesem Falle wäre das Ende noch näher als vermutet;

3. wäre auch möglich, daß zwischen dem 111. Papst und dem letzten (In persecutione) noch einige Päpste regieren würden, welche in der Prophezeiung nicht genannt sind. Diesen Fall haben wir bereits bei der Erfüllung der Lehninschen Prophezeiung erlebt. Dem 11. in der Prophezeiung beschriebenen Regenten aus dem Hause Hohenzollern folgten noch drei ungenannte Regenten, bevor der letzte die Szepter führte und abdankte. — Gott läßt den Prophezeiungen immer einen Spielraum, um anzudeuten, daß Ihm allein zusteht den Tag der Vollendung zu bestimmen, und auch um uns anzuregen, die Erfüllung der Prophezeiung oder den Tag seiner Wiederkunft durch unser Gebet zu beschleunigen.

V.
Zweck der Malachias-Weissagung

Es ist den Menschen nicht gegeben, die Geheimnisse Gottes zu ergründen. Jedoch gestattet uns Gott manchmal einen Einblick in seine Fügungen, auf daß wir seine weise Vorsehung bewundern und seiner unendlichen Liebe vertrauen können.

Betreffs der Abfassung und der Veröffentlichung der Papstweissagung scheinen uns vier Momente besonders wichtig.

1. Als der hl. Malachias im Jahre 1139 Papst Innozenz II. besuchte, lag es wohl im Plane der göttlichen Vorsehung, daß der Heilige aus Irland den Stellvertreter Christi in seiner schweren Bedrängnis tröste und stärke. Innozenz II., der Jahre lang fern von Rom hatte zusehen müssen, wie ein Gegenpapst in der heiligen Stadt regierte, und dessen Machtstellung selbst nach seiner Rückkehr zur Ewigen Stadt noch sehr gefährdet war, mußte ja — menschlich gesprochen — fast irre werden an seiner Papstwürde. Sollte Gott wirklich mit ihm sein, oder sollte vielleicht nicht sein Gegner der von Gott bevorzugte Papst sein? Oder sollte vielleicht das Ende der Zeiten vor der Türe stehen? — Solche Fragen mußten den Stellvertreter Christi bedrängen. Wie konnte da eine Prophezeiung der Päpste, verfaßt von einem heiligmäßigen Bischof, den Innozenz II. schon bei Lebzeiten als Prophet und Wundertäter verehrte, den Hl. Vater beruhigen und in seinem Amte bestärken. Es lag dies ganz in der Art und Weise von Gottes Vorsehung, die sich gewöhnlich charismatisch begabter Mittelspersonen bedient, um seinen Stellvertretern auf Erden Botschaften mitzuteilen oder um sie zu trösten. Dies geht hervor aus den Biographien einer hl. Juliana, einer hl. Katharina von Siena, einer hl. Maria-Margarete Alacoque, einer Marthe Robbin, usw.

Daß diese Prophezeiung geheim gehalten werden sollte, scheint uns auch selbstverständlich. Ist dies doch gewöhnlich der Fall für jede Botschaft, die dem Hl. Vater auf charismatischem Wege von Gott übermittelt wird. Durch dieses von Gott gewollte Geheimhalten soll auch die Vorrangstellung des Papstes hervorgehoben werden. Erst später werden diese Botschaften als Privatoffenbarungen der Öffentlichkeit freigegeben.

Übrigens wäre die Veröffentlichung der Malachias-Weissagung im XII. Jahrhundert auch recht unpsychologisch gewesen. Es gehört nämlich zum Wesen der eschatologischen Erwartung, stets zu glauben, daß das Ende, bzw. die Wiederkunft des Herrn, wenigstens *nicht mehr allzu fern ist*.[215] Diese Parusieerwartung, die in der Kirche, zum Heil der Gläubigen, immer lebendig sein sollte, wäre aber durch diese Weissagung der 111 Päpste merklich erschüttert worden.

---

[215] Erst im letzten Jahrhundert hat man die Parusieerwartung durch die natürliche Weltevolutionslehre in unabsehbare Fernen wegrationalisiert. Es ist dies ein Abfall von der Parusielehre Jesu Christi.

2. Die *Veröffentlichung* der Malachias-Weissagung *gegen Ende des 16. Jahrhunderts* darf auch als Fügung der göttlichen Vorsehung angesehen werden. Das Papsttum war im 16. Jahrhundert von den Reformatoren aufs schärfste angegriffen worden. Der Papst galt in vielen reformatorischen Schriften als der Antichrist, dessen Ende bald bevorstehe. Wie mußte da die Malachias-Weissagung, die schon zu ungefähr zwei Dritteln in Erfüllung gegangen war, die katholische Lehre vom Papst als dem Stellvertreter Christi stärken. 34 Päpste würden laut dieser Prophezeiung noch in Rom regieren. Mit welcher Zuversicht durften also die katholischen Christen in die Zukunft der Kirchengeschichte schauen, dies um so mehr, da die Päpste späterer Zeiten mit den herrlichsten Namen schon bezeichnet waren, so z.B.: De bona religione, Columna excelsa, Vir religiosus, Lummen in coelo, Ignis ardens, Fides intrepida, Pastor angelicus, Pastor et nauta. Vor einer solchen Prophezeiung mußte der Redeschwall der Reformatoren, die im Papsttum nur eine Institution vom Bösen sahen, den romtreuen Katholiken nur wie ein Strohfeuer erscheinen.

3. In den folgenden Jahrhunderten, da das Papsttum in Schriften und Reden so oft angefeindet, von den Philosophen der Aufklärung als etwas längst Überlebtes abgetan und von einem Voltaire mit den gemeinsten Lästerungen überschüttet wurde, war die Papstweissagung des hl. Malachias immer wieder ein Trost und eine Aufmunterung für alle Verteidiger des Hl. Stuhles. Freilich jeder katholische Christ weiß schon auf Grund von Matthäus XVI., daß der Fels Petri auch der stärksten kirchenfeindlichen Brandung standhält. Aber die Malachias-Weissagung war außerdem noch wie eine Bestätigung und Illustration des Herrenwortes an Petrus. Und wirklich, nicht das Lästermaul von Sanssouci, der Satansprophet Voltaire, hat Recht behalten, wohl aber die Papstweissagung des Malachias.

Welcher Trost war es z.B. für Pius VII. und die Gläubigen jener Zeit, da der Papst von Napoleon I. des Kirchenstaates beraubt und in die Gefangenschaft geschleppt wurde, anhand der Papstweissagung, die Napoleon I. als »Aquila rapax« charakterisiert, zu wissen, daß Gott schon alles vorausgeschaut und seinen Stellvertreter auf Erden trotz aller Verfolgung hegt und schützt. — Und mit welcher Zuversicht auf die Zukunft des Papsttums konnte Pius IX. den Raub des Kirchenstaates durch das Haus Savoyen über sich ergehen lassen, da er selbst in der Malachias-Weissagung zwar »Kreuz vom Kreuze« genannt wurde, nach ihm aber noch 10 Päpste mit herrlichen Namen aufgezählt wurden! —

4. Auch heute ist die Papstweissagung wieder sehr aktuell. Nur noch sechs Päpste werden nach Pius XII. genannt.[216] Wir wissen zwar nicht, ob es bis zur Wiederkunft des Herrn noch lange oder nur mehr kurz dauern wird. Jedenfalls aber steht fest, *daß die Vollendung naht.* Wenn je in der Kirchengeschichte, so gilt besonders heute das Wort des Herrn vom Wachen und Beten.

---

[216]) Dies wurde 1955 geschrieben!

82

Es mag uns wohl beunruhigen, daß der Ankunft des Herrn eine große Drangsal und eine große Weltkatastrophe vorausgehen. Aber der gläubige Christ erinnert sich dann des Herrenwortes: »Wenn dies beginnt, so erhebt eure Häupter, denn eure Erlösung ist nahe, bzw. das Reich Gottes ist nahe.«[217]

Daß der »Tag des Herrn« naht und Christi Wiederkunft bevorsteht, scheint uns auch *die neue Adventspräfation* zu bestätigen. Sie spricht zwar zunächst von den Prophezeiungen des Alten Testamentes und deren Erfüllung bei der Menschwerdung des Gottessohnes, dann aber auch vom lichtvollen Tag der Ankunft (der Wiederkunft!) unseres Herrn, dem wir alle mit Jubel und Frohlocken entgegen gehen.

Die herrliche, neue Präfation lautet in der lateinischen Fassung[218] und in der Übersetzung wie folgt:

Vere dignum et justum est, aequum et salutare, nos tibi semper, et ubique gratias agere: Domine sancte, Pater omnipotens, aeterne Deus: per Christum Dominum nostrum. Quem perdito hominum generi Salvatorem misericors et fidelis promisisti: cujus veritas instrueret inscios, sanctitas justificaret impios, virtus adjuvaret infirmos. Dum ergo prope est ut veniat quem missurus es, et dies affulget liberationis nostrae, in hoc promissionum tuorum fide piis gaudiis exultamus. Et ideo cum Angelis et Archangelis, cum Thronis et Dominationibus, cumque omni militia coelestis exercitus, hymnum gloriae tuae canimus, sine fine dicentes:

In Wahrheit ist es würdig und recht, billig und heilsam, Dir immer und überall dankzusagen, heiliger Herr, allmächtiger Vater, ewiger Gott: durch Christus unsern Herrn, den Du, barmherziger und getreuer Gott, dem verlorenen Menschengeschlechte als Heiland versprochen hast: dessen Wahrheit die Unwissenden belehren, dessen Heiligkeit die Gottlosen rechtfertigen, dessen Tugend die Schwachen stärken sollte. Da also die Zeit naht, daß der kommen soll, den Du senden wirst, und da der Tag unserer Befreiung aufleuchtet, jubeln wir im Vertrauen auf deine Versprechungen in heiliger Freude. Darum singen wir mit den Engeln und Erzengeln, mit den Thronen und Herrschaften und mit der ganzen himmlischen Heerschar den Hochgesang deiner Herrlichkeit und rufen ohne Unterlaß:

Heilig, heilig, heilig, Herr, Gott der Heerscharen. Himmel und Erde sind erfüllt von Deiner Herrlichkeit,

Hosanna in der Höhe!
Hochgelobt sei, der da kommt im Namen des Herrn!
Hosanna in der Höhe!

---

[217] I. k. 21, 28 - 32.
[218] Praefationes propriae de Adventu et de Ssmo Sacramento. Mechelen, H. Dessain, 1954.

Robert ERNST

Das Reich Gottes

gestern | heute | morgen

Wenn Papst Johannes-Paul II. der *letzte* Papst ist, wie es namhafte Prophezeiungen nahe legen, was dann? Stehen wir dann vor dem »Ende der Zeit« oder
gar vor dem »Ende der Welt«? — Eine Antwort auf diese brennende Frage gibt
das Buch »Das Reich Gottes gestern, heute und morgen«. Es legt anhand großer
Prophezeiungen und geschichtlicher Tatsachen eindeutig dar, daß die in sieben
Zeitabschnitten von je 300 Jahren sich abwickelnde Kirchengeschichte nur *eine*
Phase des *Gottesreiches* ist, das sich durch die Jahrtausende der Menschheits-
geschichte hindurch stets vervollkommt und so seinem Idealzustand entgegen
geht. Dies ist der Inhalt der beiden ersten Kapitel. Das 3. Kapitel behandelt die
heutige Krise in der Kirche. Denn heute stehen wir auf der Schwelle zu einer
neuen Epoche des Gottesreiches, da vieles schwankt und zusammenbricht, um
einer neuen Gestalt des Gottesreiches Raum zu schaffen. Im folgenden Kapitel
werden die sich in der Weltgeschichte folgenden *Gottesreiche* im Schatten der
Satansreiche kurz beschrieben. Hier ist auch die Rede vom »Großen Monar-
chen«, der als Friedensherrscher Westeuropa einen und festigen wird. Die zwei
letzten Kapitel bestätigen das in den ersten Kapiteln des Buches Gesagte durch
die berühmten Weissagungen von Lehnin und von La Salette, die hier vollständig wiedergegeben und erklärt werden.

Turm Verlag Bietigheim